Pedio
Areos
(Patission)
Theodorou Diligiani
28 Oktovriou
B
ARCHAIOLOGIKO
MOUSEIO
Alexandras
Lofos
Strefi
E
LOFOS
LYKAVITTOU
Messogion
Plateia
Omonias
ETHNIKO
THEATRO
MEGARO
MOUSIKIS
El. Venizelou
(Panepistimiou)
AKADIMIA,
PANEPISTIMIO,
ETHNIKI
VIVLIOTHIKI
Tsaldari
(Pireos)
Plateia
Kotzia
VASSILISSIS
SOFIAS
Sofias
Panagi
Ermou
Plateia
Avissinias
SYNTAGMA
MOUSEIO
BENAKI
VYZANTINO
MOUSEIO
Sigrou
PLAKA /
MONASTIRAKI
ETNIKOS
KIPOS
ARCHAIA
AGORA
Amalias
Vass. Konstantinou
AKROPOLI
MOUSEIO SYNCHRONIS
TECHNIS GOULANDRI
Zappeion
Alsos
Pagratiou
PNIKA
Vass. Olgas
A
STILES
OLYMPIOU
DIOS
Ardittou
PANATHINAÏKO
STADIO
MOUSEIO
AKROPOLIS
Lofos
Iopappou
D
Sigrou
PROTO
NEKROTAFEIO
Kallirois
EMST
Leof. Vouliagmenis
1 km
N

BIENVENUE À ATHÈNES

Harmonie désordonnée au pied de l'Acropole : une large coulée blanche grandit entre mer et montagnes. Dans la bruissante Athènes, dominée par le marbre de son Antiquité, tout se côtoie, le beau épuré comme le béton décrié. La bourgade oubliée de l'Empire ottoman a vu de grands architectes européens réinventer sa silhouette au XIXe s. et la hisser au rang de capitale après l'indépendance : Parlement, Académie, Musée archéologique...

Partout, la ville vibre, on se restaure à tout moment dans les tavernes et les *ouzeri*, on boit un café pendant des heures, et on philosophe jusqu'au bout de la nuit. Les oliviers, les orangers, une douceur dans l'air, la lumière incitent à suivre au gré des découvertes l'art de vivre à la grecque.

Avec Cartoville, la ville s'ouvre à vous !

Retrouvez dans ce guide toutes les bonnes adresses de Sophie Launay. Grecque d'adoption, Sophie parcourt et habite la Grèce depuis 20 ans.

SOMMAIRE

INCONTOURNABLES

A

Akropoli

Symbole de l'Antiquité et de la grandeur d'Athènes, l'Acropole domine la ville du haut de son rocher sacré.

A

Mouseio Akropolis

Mosaïques, sculptures, objets ou vestiges entiers... Ce musée archéologique abrite toutes les merveilles préservées de l'Acropole !

A

Plaka et Monastiraki

Les époques se mêlent au détour des ruelles fleuries de Plaka et autour de la place de Monastiraki, envahie par les stands du marché aux puces.

C

Gazi et Keramikos

Transformation réussie pour Gazi et Keramikos, anciennes zones industrielles désertées devenues le nouveau bastion des nuits athéniennes.

D

Vassilissis Sofias

Musée Benaki, Musée byzantin ou encore musée des Arts cycladiques : les collections d'art les plus prestigieuses se côtoient le long de cette illustre avenue bordée d'élégants bâtiments néoclassiques.

D

Mouseio Synchronis Technis Goulandri

Inauguré en 2019, ce très jeune musée d'Art contemporain n'en possède pas moins une étourdissante collection d'art moderne : Cézanne, Monet, Van Gogh ou encore Picasso sont de la partie !

D

Etnikos Kipos

"De l'ombre, beaucoup d'ombre", tel est le credo de ce parc, véritable havre de paix et de fraîcheur en plein cœur de la ville !

E

Lofos Lykavittou

Dominant Athènes, ce mont emblématique est le perchoir idéal pour admirer la ville à 360° !

D

Syntagma

Épicentre de la vie sociale et politique, la place Syntagma accueille le siège de l'Assemblée nationale, toute d'ocre rose vêtue.

E

Archaiologiko Mouseio

Immersion dans la Grèce antique garantie au milieu des 11 000 pièces de ce majestueux musée, temple de l'archéologie couvrant une période de plusieurs millénaires.

ATHÈNES AUTREMENT

A BOIRE SON CAFÉ À LA GRECQUE

Boire un café en Grèce ? Une véritable cérémonie, à observer de préférence sur la belle terrasse arborée du Diogenes. Il y a tout d'abord le choix entre une multitude de cafés : grec, frappé, expresso, *galliko* (filtre), *freddo* (froid)... à commander avec sa dose de sucre et/ou de lait. Précisez entre *sketos* (sans sucre), *metrios* (moyennement sucré), *glykos* (sucré), *variglykos* (très sucré). Ensuite, désapprendre à avaler son café en trois gorgées, et le déguster pendant des heures...

→ **Diogenes** Pl. Lisikratous 1
Tél. 210 32 24 845 Tlj. 8h-0h

B SE DÉLASSER AU HAMMAM

Après avoir cavalé dans la poussière des sites archéologiques et des collines de la ville, pause détente dans le cadre raffiné et infiniment relaxant du Polis Hammam, où se faire une peau aussi douce que celle d'une statue grecque. Laissez-vous doucement envahir par la chaleur et la langueur d'un bain de vapeur chaud, puis profitez d'un des nombreux traitements proposés : application d'un masque d'argile, exfoliation au sel de mer, enveloppements, massages... Tout simplement divin !

→ **Polis Hammam** Avliton 6-8
Tél. 210 32 12 020 polis-hammam.gr
Basic hammam 25€ Massages à partir de 25€

(C) DÎNER “IN THE SKY” AU COUCHER DU SOLEIL

Dîner dans les airs, ça vous tente ? C'est l'expérience pour le moins décoiffante imaginée par Dinner in the Sky, une table très spéciale puisque suspendue sur une plateforme à 40 m au-dessus du sol. Là haut, panorama inoubliable et ambiance festive pour une dégustation mémorable de six plats accompagnés de vins grecs. La douce rotation permet à chaque convive de découvrir la ville sous tous les angles.

→ **Dinner in the Sky** Technopolis, Pireos 100
Tél. 694 53 96 509 Mai-sep. : tlj. 19h-23h
2 services chaque jour à 19h15 et 21h30
Réservation sur dinnerinthesky.gr
Repas et boissons à volonté 135€/pers.

(D) FAIRE SON JOGGING AU STADE OLYMPIQUE

Si monter sur le podium du stade olympique du Panathinaïko Stadio n'est pas donné à tout le monde, on peut déjà s'entraîner en y faisant son jogging au petit matin ! Tous les jours, un entraînement en vue du Marathon y est organisé. En petites foulées et avec beaucoup de concentration, on pourrait presque imaginer l'ovation des 45 000 spectateurs répartis sur ses gradins de marbre blanc...

→ **Panathinaïko Stadio** Vass. Konstantinou
Jogging matinal Tlj. 7h30-9h
www.panathenaicstadium.gr

B MANGER UNE PATSA AU MARCHÉ CENTRAL

Après une nuit bien arrosée, faire comme les noctambules athéniens et se diriger vers les étals du marché central déserté. Là, il est une tradition qui remet l'estomac en place : au coude à coude avec les travailleurs qui se lèvent tôt, on se restaure d'une *patsa*, soupe de tripes longuement mijotée et remède supposé magique de toutes les migraines éthyliques !

→ **Kentriki Agora** Athinas Lun.-sam. 6h30-15h

A REGARDER UN FILM SOUS LES ÉTOILES

À la nuit tombée, quand les températures baissent, les Athéniens n'aiment rien tant que de se réunir autour d'un film en plein air. Véritables institutions, les cinémas extérieurs se nichent partout !
Un de nos préférés est sans conteste le Ciné Paris et sa terrasse donnant sur l'Acropole illuminée et les toits de Plaka. Et même si on ne comprend pas grand chose au film, toujours diffusé en VO sous-titré grec, on y va pour l'ambiance conviviale, le cadre insolite et quelques verres sous les étoiles.

→ **Ciné Paris** Kidathineon 22
Tél. 210 32 22 071 Mai-oct. www.cineparis.gr

B SUIVRE UN COURS DE CUISINE GRECQUE

Pour ramener un peu de Grèce chez vous, initiez-vous aux subtilités de la cuisine hellénique en suivant l'un des ateliers organisés par Onion Athens. Après avoir établi le menu autour d'un café grec, direction le Marché central pour faire le plein des ingrédients frais que vous apprendrez ensuite à dompter : légumes farcis, pita aux herbes ou encore moussaka n'auront bientôt plus de secrets pour vous. On termine en beauté autour d'un repas où chacun goûte le fruit de ses efforts ! Un autre atelier propose d'allier cuisine et dégustation de vins locaux.

→ **Onion Athens** Kolokotroni 34-36
Tél. 210 61 00 312 onionathens.gr
Durée 4h Tarif 93€/pers.

C PRENDRE UN TRAIN À REMONTER LE TEMPS

Embarquez pour un voyage très spécial à bord du Treno Sto Rouf, un train restauré assemblé à partir de wagons historiques et reconverti en... centre culturel ! Qu'ils aient servi à transporter chevaux ou riches voyageurs, les wagons hébergent aujourd'hui concerts, pièces de théâtre, lectures et expos, et possèdent chacun une atmosphère particulière : plancher brut au wagon-bar, boiseries délicates au wagon-restaurant, bancs de bois au wagon-théâtre... Alors, prêts ? En voiture !

→ **To Treno Sto Rouf**
Rouf Railway Station Konstantinoupoleos
Tél. 210 52 98 922 Sep.-juil. : mar.-dim. 19h30-1h
totrenostorouf.gr

ATHÈNES

EN 3 JOURS

JOUR 1 .... (A)(B)(C)

MATIN

Le premier jour commence comme il se doit par la visite du chef-d'œuvre de la Grèce antique, l'**Acropole**.

Continuez sur votre lancée en filant au **musée de l'Acropole**, qui expose les merveilles du rocher sacré et retrace son histoire depuis le Néolithique.

En chemin vers Monastiraki, stop à l'**Archaia Agora**, où admirer le temple d'Ephaïstos et la Stoa Attalou.

Déjeuner perché
Entre les brocanteurs de Monastiraki, un ascenseur mène au toit de **Couleur locale** (**A** C1), le spot rêvé pour une salade face à l'Acropole.

APRÈS-MIDI

Baladez-vous entre les sépultures de **Keramikos**, la nécropole antique. Son petit musée recèle de magnifiques stèles funéraires !

Remontez la rue Ermou et visitez ses petites églises byzantines, Kapnikarea et Mikri Mitropoli, avant de vous engager dans les ruelles fleuries de **Plaka**.

SOIR

Dînez en terrasse chez **Kiki de Grèce**. Au menu, vins de cépages grecs, soupes l'hiver, salades l'été et toujours de bons petits plats.

Sortir juste pour un verre peut être le prélude à une longue nuit sous les étoiles dans les écrins arborés du **Six D.o.g.s.** ou de l'Art Foundation.

JOUR 2 .... (D)(E)

MATIN

Observez le ballet des evzones lors de la relève de la garde (toutes les heures), sur la place Syntagma, puis explorez un jardin dessiné par une reine : l'**Ethnikos Kipos**, plein de parfums, de fleurs, d'arbres et de plantes.

Gagnez ensuite les **grands musées** de l'avenue Vassilissis Sofias : au choix, statuettes cycladiques au Mouseio Goulandri Kikladikis Technis ou fastes byzantins au Vyzantino Mouseio.

APRÈS-MIDI

Au déjeuner, craquez pour les assiettes orientales de **To Mavro Provato** à Pagrati.

Après avoir fait un tour au milieu des trésors d'art moderne du nouveau **Mouseio Synchronis Technis Goulandri**, dégourdissez-vous les jambes en foulant le Panathinaïko Stadio, étincelant stade de marbre blanc !

Lèche-vitrines et shopping dans le quartier huppé de **Kolonaki** : cosmétiques naturels chez Apivita, douceurs grecques chez Yoleni's.

Le plus beau coucher de soleil
En fin d'après-midi, on grimpe sur le **Lofos Lykavittou** (**E** D3) pour voir la blanche Athènes s'embraser. Panorama à 360° : l'Acropole, le port du Pirée et la mer à perte de vue...

SOIR

Redescendez sur terre pour aller dîner chez **Ama Lachei**, dans une ancienne école communale restaurée.

L'hiver, offrez-vous une soirée rébétiko à **Palla Markiza** ! L'été, rejoignez la Plateia Dexamenis pour une toile en VO avant d'aller boire un verre au Cafekouti.

JOUR 3 .... Ⓔ Ⓕ

MATIN

Il est temps d'explorer les merveilles de l'**Archaiologiko Mouseio**, riche de la plus grande et de la plus belle collection d'antiquités grecques au monde.

Prenez le large direction Le Pirée et son charmant port de pêche, **Mikrolimano**, où se promener sur les quais au rythme des embarcations bercées par la brise.

APRÈS-MIDI

Déjeunez au **Panorama**, un restaurant de fruits de mer très prisé pour sa vue et sa délicieuse soupe de poisson.

Flânerie méditerranéenne dans les ruelles en pente de la colline de **Kastela**.

Pause au bord de la piscine
Bien installé dans les fauteuils de **Pisina** (**F** C4), on sirote un café ou un jus de fruits en hauteur avec vue sur la marina. Pour se rafraîchir, rien ne vaut quelques brasses dans la piscine.

Après avoir admiré la vue sur le golfe Saronique, redescendez vers **Marina Zea**, agréable port de plaisance où mouille une flotte de yachts rutilants.

SOIR

Retour à Athènes pour dîner chez **Metaxou**, dans le quartier de Metaxourgeio, et danser jusqu'au bout de la nuit. Les musiciens ne s'arrêteront qu'au petit matin... Juste à temps pour reprendre l'avion ?

AGENDA

JANVIER-FÉVRIER

Jour de l'an

La Saint-Basile, nom du Père Noël grec, est fêtée dans toute la Grèce.
→ 1er jan.

Épiphanie (Theophania)

Célébration du baptême du messie par saint Jean-Baptiste. À cette occasion, bénédiction de la mer au Pirée : le pope jette une croix dans les flots, et les jeunes garçons se jettent à l'eau pour la récupérer.
→ 6 jan.

Carnaval (Apokries)

Trois semaines de festivités précédant le jeûne du carême : cérémonies religieuses, manifestations culinaires et défilés masqués et déguisés.
→ Début : 13 fév. 2022, 5 fév. 2023

MARS

Lundi pur (Kathari Deftera)

Le début du carême (48 jours avant la Pâques orthodoxe), célébré par des pique-niques et des démonstrations de cerfs-volants sur la colline de Filopappou.
→ 7 mars 2022, 27 fév. 2023

Fête nationale

Jour de l'indépendance, qui marque l'anniversaire de l'insurrection contre les Turcs (1821). Nombreux défilés militaires. C'est également le jour de l'Annonciation de la Vierge, fête importante pour les chrétiens orthodoxes.
→ 25 mars

AVRIL

Vendredi saint (Megali Paraskevi)

Cérémonies religieuses et processions à la tombée de la nuit commémorent le chemin de croix et la crucifixion du Christ.
→ 22 avr. 2022, 14 avr. 2023

Pâque orthodoxe (Paska)

Célébration de la résurrection du Christ : cérémonies religieuses, œufs rouges et festins d'agneau pascal.
→ 24 avr. 2022, 16 avr. 2023

MAI

Fête du Travail (Protomagia)

Journée internationale du travail et célébration du printemps et de la nature. Confection de couronnes de fleurs.

→ 1er mai

Festival européen de jazz

Concerts gratuits au centre culturel Technopolis (**C** C3).

→ De fin mai à déb. juin www.cityofathens.gr

Festival de danse Dora Stratou

Spectacles de danses traditionnelles dans le théâtre en plein air de Dora Stratou (**C** C6).

→ De fin mai à fin sep. www.grdance.org

JUIN-JUILLET

Rockwave Festival

Festival international de musique pop et rock.

→ 3 à 4 j. en juil. www.rockwavefestival.gr

Athens Epidaurus Festival

Événement culturel phare ! Théâtre antique et opéras sur les gradins de marbre de l'Odeio Irodou Attikou (**A** C3) mais aussi danse, théâtre et musique.

→ Juin-août aefestival.gr

Festival de Vironas

Théâtre, concerts de musique grecque, world ou jazz et danse au Rock Theatre Melina Mercouri de Vironas.

→ En juin-sep. www.festivalvraxon.gr

AOÛT

Pleine lune

Une nuit unique durant laquelle visiter gratuitement les sites archéologiques d'Athènes. Également concerts, spectacles et performances.

Fête de la Dormition et Assomption de Marie

La fête de la Vierge Marie rassemble les familles dans tout le pays. Ce jour-là, Athènes est une ville déserte !

→ 15 août

OCTOBRE-NOVEMBRE

Fête nationale

Seconde fête nationale et commémoration du "Non" (*oki*). On célèbre le refus de Metaxas, en 1940, de laisser les troupes de Mussolini traverser la Grèce. Parades militaires et étudiantes, danses et repas.

→ 28 oct.

Marathon d'Athènes

Un parcours mythique dont le tracé suit celui qu'emprunta Phidippidès, le soldat grec qui annonça la victoire de l'armée grecque contre les Perses lors de la bataille de Marathon, en 490 av. J.-C.

→ Début nov.

Politechniou

Manifestations à l'École polytechnique en mémoire de la répression sanglante des Colonels en 1973.

→ 17 nov.

BONS PLANS

POUR **NE RIEN MANQUER**

Connaître le programme

Agenda des expos, concerts, festivals...
→ www.thisisathens.org/fr

Réserver

Réservation en ligne conseillée pour tous les spectacles (opéras, ballets et concerts) et les événements sportifs.
→ www.ticketservices.gr et shop.tickethour.com

Il est également judicieux de réserver des billets coupe-file pour les monuments de l'Acropole.
→ etickets.tap.gr

Suivre un guide

En compagnie d'un guide bénévole (contribution bienvenue) ou à l'aide d'un smartphone, des parcours thématiques à la découverte d'Athènes.
→ www.freetour.com/athens, www.gpsmycity.com

POUR **FAIRE DES ÉCONOMIES**

Manger au marché central

Chez To Diporto (**B** B4) le midi et, le soir, au milieu des étals déserts, on dîne pour un prix modique au Oinomageireio Epirus (**B** C4).
→ Oinomageireio Epirus Filopimenos 4
Tél. 210 32 40 773 Lun.-sam. 7h-19h

Marché aux puces

Tous les dimanches, bonnes affaires en vue sur la Plateia Avissinias (**B** B6) à Monastiraki et sur la Plateia Ipodamias (**F** D2), au Pirée.

Ticket groupé

Ce sésame donne accès à 7 monuments et sites archéologiques, dont ceux de l'Acropole et de l'Agora antique.
→ 30€, valable 5 jours, achat sur etickets.tap.gr ou aux guichets des sites

POUR **VOYAGER MOINS CHER**

Métro

À Athènes, tram et métro demeurent économiques !
→ 1,40€ le ticket, valable 1h30

Taxi

En y embarquant à 4 ou 5, aux côtés d'inconnus allant dans la même direction, une course dans le centre revient à quelques euros !

POUR **NE RIEN DÉPENSER**

Relève de la garde présidentielle

Toutes les heures carillonnées, à Syntagma (**D** A1), devant le Parlement et le monument au Soldat inconnu, les evzones en costume exécutent ce curieux pas d'automate, puis reprennent leur place, imperturbables.

Sites archéologiques

Ils sont gratuits les 6 mars, 18 avr., 18 mai, le dernier w.-e. de sep., le 28 oct. et les 1ers dim. de chaque mois (nov.-mars).

Musées gratuits

Entrée libre au Mouseio Akropolis (**A** D3) les 6 et 25 mars, 18 mai et 28 oct. L'Archaiologiko Mouseio (**E** A2) : les 6 mars, 18 avr. et 18 mai, le dernier w.-e. de sep., le 28 oct. et les 1ers dim. de chaque mois (nov.-mars). Le Mouseio Benaki (**D** C1) tous les jeudis soirs !

Parcs et collines

Le Jardin national, l'Ethnikos Kipos (**D** B2), est en accès libre : jogging, tai-chi, concerts, expos... et les collines du Lycabette (**E** D4) et de Filopappou (**A** B3) offrent de magnifiques points de vue sur toute la ville !

Vestiges archéologiques

Dans certaines stations du métro, les résultats des fouilles effectuées au cours du percement des lignes sont visibles. C'est le cas à Akropoli (**A** D3), Monastiraki (**A** C1), Syntagma (**D** A1) ou encore Evangelismos (**D** D1).

Danser le tango !

Tous les lundis soir à partir de 21h, d'avril à octobre, en face de la salle de spectacle "Hotel Ermou" (**C** C3), tango pour danser ou applaudir !

POUR **DÉCOUVRIR LA VILLE LOIN DES FOULES**

Musées de charme

À taille humaine, le Mouseio Frissiras (**A** E2) dévoile sa très belle collection d'art contemporain dans deux bâtiments aux espaces épurés. Autres musées où il fait bon flâner dans un cadre intimiste : le Mouseio Islamikis Technis (**B** A5) aux trésors venus d'Orient et le Vyzantino Mouseio (**D** D1), niché dans dans une ravissante villa de style florentin.

Havres de paix

Après la visite d'un des grands musées de l'avenue Vassilissis Sofias, reprendre son souffle dans le jardin du lycée d'Aristote (**D** C2), où se dressent les vestiges de la "palaistre" : les athlètes de l'Antiquité s'y s'entraînaient. Tranquillité assurée aussi au Keramikos (**C** D3), le grand cimetière antique.

Cafés en plein air

Ombragés, fleuris et invisibles depuis la rue, le café du Nomismatiko Mouseio (**E** B4) et celui de l'Etnikos Kipos (**D** B2) sont particulièrement propices à un moment de détente loin de l'agitation du monde.

Centres culturels

Peu connus des voyageurs mais très appréciés des Athéniens, deux centres culturels alternatifs et décalés pour danser, dîner ou voir un film : Bios (**C** D2) et Bios Romantso (**B** B4).

→ Programme sur www.bios.gr

Romaïki Agora

Monas

Akropoli C2
La merveille universelle de la civilisation grecque ! Sur une hauteur occupée dès l'âge du bronze, à la forteresse imprenable de l'époque mycénienne, a succédé l'Acropole classique de Périclès (495-429 av. J.-C.) qui reçoit aujourd'hui la faveur du monde entier. Ce lieu de culte consacré à la déesse Athéna, protectrice de la cité, accueillait chaque année les processions des Panathénées : passer d'abord sous les Propylées, porte monumentale, puis gagner le Parthénon, illustre temple dorique aux proportions parfaites. Juste en face, l'Erechteion et ses émouvantes cariatides dont les originaux sont conservés au musée de l'Acropole.
→ *Tél. 210 32 14 172 Nov.-mars : tlj. 8h-17h ; avr.-oct. : tlj. 8h-20h*
Tarif avr.-oct. 20€, nov.-mars 10€

Mouseio Akropolis D3
La vitrine de la culture grecque accroche le reflet de l'Acropole sur sa façade de verre. 21 000 m² tout en lignes pures accueillent des joyaux comme les Cariatides et des fragments de la frise du Parthénon.
→ *Dionissiou Areopagitou 15*
Tél. 210 90 00 900
Avr.-oct. : tlj. 8h-16h (20h mar.-jeu., w.-e. ; 22h ven.) ; nov.-mars : tlj. 9h-17h (22h ven. ; 20h w.-e.)
Tarif avr.-oct. 10€, nov.-mars 5€

★ **Odeio Irodou Attikou / Theatro Dionissiou** C3 / D3
Édifié en 161 par le mécène et rhéteur Hérode Atticus, un odéon romain taillé à la manière des théâtres grecs, au pied de l'Acropole. Chaque été, le Festival d'Athènes y prend ses quartiers. Gradins de marbre et acoustique de rêve, tout comme au théâtre de Dionysos, à deux pas, bâti au vᵉ s. av. J.-C. pour les Grandes Dionysies, qui célébraient le dieu de la Végétation et du Vin. Un berceau d la tragédie où furent cré des pièces de Sophocl Euripide, Aristophane !
→ *Tél. 210 32 24 625*
Nov.-mars : tlj. 8h-16h30 ; avr.-oct. : tlj. 8h-19h30
Visite comprise avec l'Acrop

★ **Filopappou / Pnika** B3 / A2
Un lacet de marbre mor dans la verdure jusqu'a sommet de la colline des Muses, où se dress droit comme un I le mausolée de Philopapp (116), prince syrien bienfaiteur d'Athènes. On découvre, à peine plus loin, l'hémicycle dénudé de Pnika, chère

Akropoli

Mouseio Akropolis

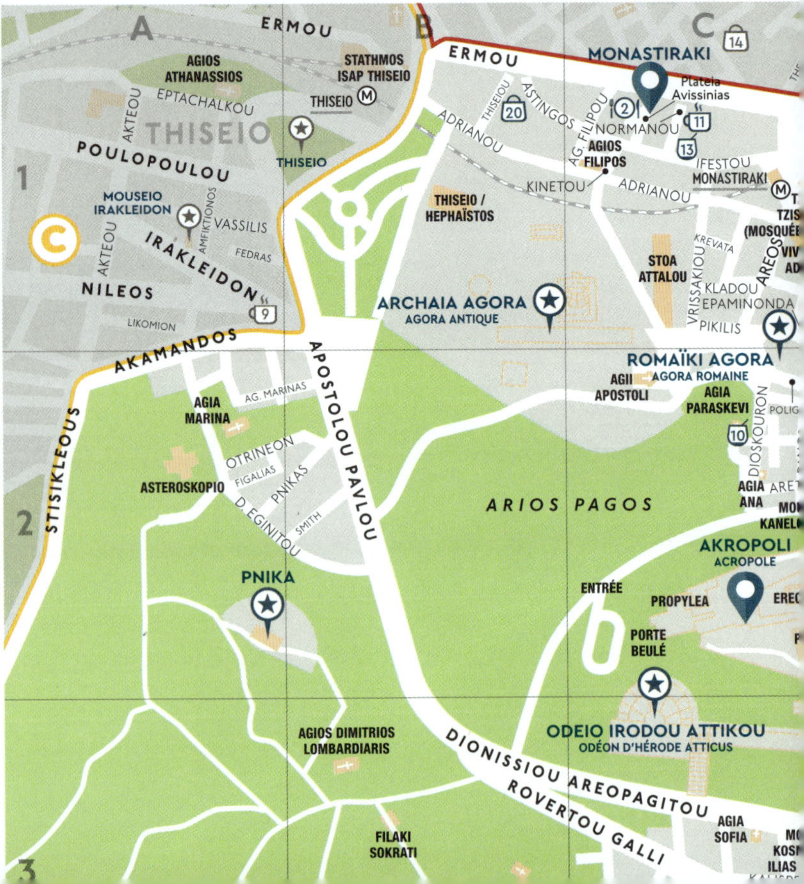

A

Akropoli / Plaka / Monastiraki / Filopappou

Le marbre étincelant du Parthénon s'impose à la blanche et vibrante Athènes. Les jeux Olympiques de 2004 ont rendu à l'Acropole un environnement digne d'elle : parcours à pied de la porte d'Hadrien à Monastiraki, sur l'avenue Dionysiou Areopagitou où l'on pense à ceux qui, il y a des millénaires, empruntaient ce même chemin. En hauteur, la colline de Filopappou et ses vues jusqu'à la mer ; en contrebas, Anafiotika et Plaka, aux maisons ocre et aux ruelles escarpées. Au sud, le quartier tendance de Koukaki et le musée d'Art contemporain. Au nord, Monastiraki, l'ancien bazar ottoman, mêle marché aux puces et terrasses de café.

Kinono

Ev

TAVERNE, MEZEDOPOLIO

Ta Bakaliarakia E2 (1)
Cuisine simple et ambiance chaleureuse dans cette petite taverne en sous-sol où l'on vient manger une fameuse morue (*bakaliaros*) frite à l'ail, accompagnée de *chorta*, des pissenlits à la vapeur. Une bonne adresse depuis 1865 ! Carte 12-15€.
→ *Kidathineon 41 Tél. 210 32 25 084 Sep.-juin : tlj. 16h (12h w.-e.)-0h*

Avissinia C1 (2)
Installé à l'étage avec vue sur l'Acropole ou en terrasse parmi les étals du marché, on savoure une bonne cuisine familiale : délicieuse *taramosalata* (moussaka aux épinards), porc aux prunes et aux poireaux... Le w.-e., les clients poussent la chanson au son de l'accordéon ! Venir tôt ou réserver. Carte 20-25€.
→ *Kinetou 7 Tél. 210 32 17 047 Mar.-sam. 12h-1h, dim. 11h-19h* ***Musique live*** *W.-e. 15h-19h.*

RESTAURANTS

Avocado E2 (3)
Jus d'été et jus d'hiver, crudités, veloutés, risottos et menu macrobiotique : tout végétalien et *gluten free*. De belles portions pour une pause détox entre deux souvlakis. Et pour les affamés, plats de pâtes et pizzas. Carte 10-15€.
→ *Nikis 30 Tél. 210 32 37 878 Dim.-ven. 12h-23h (19h dim.), sam. 11h-23h*

Kinono C4 (4)
Un long comptoir de bois clair et des petites tables design sur un sol noir vintage. Plat du jour (risotto...), club-sandwichs ou salades copieuses. Au dessert, on craque pour les pancakes ! Carte 10-15€.
→ *Falirou 48 Tél. 211 40 86 826 Tlj. 10h-2h (3h ven.-sam.)*

Evgenia E2 (5)
Voilà le vrai *oinomageirio* (vin et plats cuisinés). On vient de loin pour la moussaka d'Evgenia, à déguster avec un vin de la maison. Carte 12-15€.
→ *Voulis 44 a Tél. 210 32 14 121 Tlj. 12h-0h*

Kiki de Grèce E2 (6)
Bar à vins et restaurant, Kiki ne sert que des vins grecs au verre, et de bons petits plats pour les accompagner. Atmosphère chaleureuse avec soupe l'hiver, ou fraîche avec grande salade

2 Mazi

The Art Foundation – TAF

18 Φ

l'été. En prime, une jolie terrasse ! Carte 15€.
→ *Voulis 38 / Ipitou*
Tél. 210 32 11 279
Tlj. 12h-0h (1h sam.)

2 Mazi E2 (7)
Le chef Ilias Gogos compose des recettes où les saveurs, les herbes, les fruits et les épices se mêlent pour le meilleur. Cour ombragée l'été. Menu "gourmet" 6 plats à 55€ ou 8 plats à 70€. Carte 50€.
→ *Nikis 48*
Tél. 210 32 22 839 Tlj. 13h-0h

CAFÉS, BARS

Little Tree D3 (8)
L'hiver, ce café-librairie permet de s'offrir une pause chaleureuse au milieu des livres en dégustant un gâteau. L'été, le dit "petit arbre" allonge son ombre sur la terrasse.
→ *Kavalloti 2*
Tél. 210 92 43 762
Mar.-dim. 8h (9h w.-e.)-23h

Diogenes E2 (9)
Pour un moment enchanteur sur une jolie place arborée, face aux vestiges du monument de Lysicrate. Café ou petite collation selon l'heure.
→ *Pl. Lisikratous 1*
Tél. 210 32 24 845 Tlj. 8h-0h
***Restaurant** Tlj. 12h-0h*

Dioskouri C2 (10)
Longue terrasse en pente le long de l'Agora, assaillie par une clientèle jeune et décontractée en quête de soleil.
→ *Dioskouron 13*
Tél. 210 321 96 07 Tlj. 8h30-1h

Couleur locale C1 (11)
On se fraie un chemin entre les meubles Empire d'un magasin des puces de Monastiraki, et voilà que l'on débouche sur un restaurant. Mais ce n'est pas fini ! Il faut prendre l'ascenseur pour monter sur le toit. Là, panorama sur la ville et vue sur l'Acropole, très "couleur locale".
→ *Normanou 3*
Tél. 216 70 04 917
Tlj. 10h-2h (3h ven.-sam.)

Wine Point D3 (12)
Les crus grecs ont acquis une belle réputation ! À la carte, près de 250 étiquettes sur plus de 20 propriétés à déguster avec des assiettes de fromage et de charcuterie de pays. À partir de 6€ le verre.
→ *Diakou / Porinou 2*
Tél. 210 92 27 050 Tlj. 18h-2h

The Art Foundation - TAF C1 (13)
L'art s'épanouit dans la cour de l'ancienne prison ottomane. Un décor très cinématographique pour se désaltérer sous un grand arbre, ou évoluer dans les petites cellules-exposition.
→ *Normanou 5*
Tél. 210 32 38 757
*Tlj. 10h-3h **Galerie** Tlj. 12h-20h*

SHOPPING

El. Marneri Galerie D3 (14)
Objets contemporains et insolites, photos en tirages limités et bijoux dans un espace lumineux, tout près de l'Acropole.
→ *Lembessi 5-7 / Porinou 16*
Tél. 210 86 19 488 Mar., jeu.-sam. 12h-20h (16h sam.)

18 Φ E3 (15)
La très jolie boutique de Despina, qui expose ses bijoux, ses créations et ses trouvailles, à petits prix.
→ *Frinixou 18*
Tél. 210 32 54 466
Lun.-sam. 11h-20h30 (18h lun., mer., sam.), dim. 12h-18h

Melissinos E3 (16)
Célébrissime Melissinos ! Les sandales du cordonnier-poète ont fait le tour du monde aux pieds des plus grands : Gary Cooper, les Beatles...
→ *Tzireon 16*
Tél. 210 32 19 247 Lun.-sam. 12h (10h mar.-sam.)-17h

Brettos E2 (17)
Liqueurs de banane et de mandarine, raki et ouzo distillés maison depuis 1890 : du sol au plafond, un festival chatoyant de bouteilles tapisse les murs de la plus belle des boutiques de Plaka. Bar aussi, entre pénombre et lumières douces.
→ *Kidathineon 41*
Tél. 210 32 32 110
Tlj. 10h-2h

Amorgos E2 (18)
Objets traditionnels en bois, broderies et linge de maison en lin de l'île d'Amorgos, marionnettes aux teintes vives, pendues aux murs et aux plafonds... Un bric-à-brac poétique.
→ *Kodrou 3*
Tél. 210 32 43 836 Lun.-sam. 11h30-20h (18h sam.)

Matalou at Home E1 (19)
Accessoires et vêtements de créateurs grecs, objets insolites, choisis avec soin par Matalou elle-même. Des petits prix pour des souvenirs "no moussaka".
→ *Voulis 41 Tél. 211 18 45 416*
Mar.-sam. 11h30-20h30 (16h30 mer., sam.)

Mon Coin Studio B1 (20)
Sélection soignée et poétique d'artisanat grec : céramiques brutes, sacs, bijoux...
→ *Thisiou 7 Tél. 210 32 17 806*
Lun.-sam. 10h-20h30 (17h lun., mer. ; 18h sam.)

...pappou

Pnika

Archaia Agora

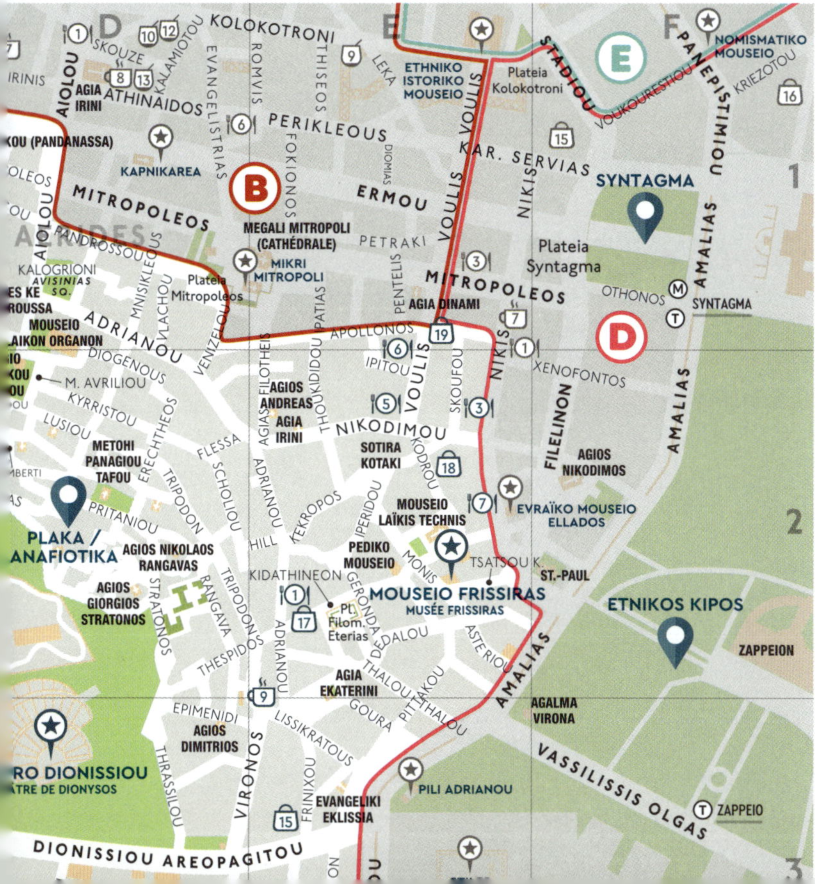

Plaka / Anafiotika

Mousieo Frissiras

EMST

orateurs du Ve s. av.

Vues sublimes
'Acropole et la ville.

rchaia Agora B1
uines dans les cyprès
ent imaginer ce que
Agora antique (VIe s.
-C.), centre de la vie
ique, culturelle et
euse. Admirablement
ervé, le temple
que consacré à
aïstos, domine l'ouest.
st, la Stoa Attalou,
e Pergame (IIe s. av.
, magnifique galerie
urée au XXe s.
rianou 24 Tél. 210 32 10 185
ct. : tlj. 8h-20h ;
mars : tlj. 8h-17h
vr.-oct. 10€, nov.-mars 5€

★ **Romaïki Agora** C2
C'est là que battait l'activité commerciale du marché romain (Ier s.), perpétuée par les Ottomans, qui y installèrent le marché au blé et la mosquée Fethiye (1456). À l'est, l'Orologio Andronikou Kyrristou (IIe s. av. J.-C.), tour des Vents octogonale, les "aerides".
→ *Tél. 210 32 45 220*
Avr.-oct. : tlj. 8h-20h ;
nov.-mars : tlj. 8h-17h
Tarif avr.-oct. 8€, nov.-mars 4€

Monastiraki C1
Sur la place Avissinias, le marché aux puces de Monastiraki, ancien bazar turc, est un paradis pour les chineurs. L'ancienne mosquée Tzistarakis (1759), dotée d'un beau dôme mais sans minaret, donne une note ottomane aux clameurs du négoce.
→ *Marché W.-e. jusqu'à 17h*

Plaka / Anafiotika D2
Ruelles bordées de maisons blanchies à la chaux, chats alanguis sur les terrasses : ce quartier accroché au versant nord de l'Acropole a gardé le charme insulaire d'Anafi, île des Cyclades d'où venaient ses premiers habitants.

★ **Mouseio Frissiras** E2
Art contemporain et européen, de Peter Blake au Grec Yannis Moralis, dans deux bâtiments néoclassiques aux intérieurs épurés.
→ *Monis Asteriou 3 et 7*
Tél. 210 32 34 678 Mer.-dim. 11h-18h (17h w.-e.) Tarif 6€

★ **EMST** hors plan D4
Installé dans l'ancienne fabrique de bière Fix (1850), le musée national d'Art contemporain, grande brique posée au centre du boulevard, présente les œuvres d'artistes influents, grecs ou étrangers : Kostas Tsoklis, Stephen Antonakos, Bill Viola... Collection permanente et expositions temporaires.
→ *Kallirrois Tél. 210 92 42 111*
Mar.-dim. 11h-19h (22h jeu.)
Tarif 8€ (variable selon les expos)

Psirri

Mouseio Islamikis Technis

★ **Mikri Mitropoli** D6
Étonnant contraste que cette “Petite Métropole”, charmante chapelle byzantine (XIIe s.) nichée au pied de sa massive sœur, la “Grande Métropole” (XIXe s.), cathédrale d’Athènes. Dédiée à la Vierge Gorgoepikos, la “Vierge qui exauce vite”, Mikri Mitropoli s’enorgueillit de délicats bas-reliefs antiques et byzantins en marbre pentélique.
→ *Pl. Mitropoleos Lun.-sam. 10h-17h*

★ **Kapnikarea** C6
Insolite petite église byzantine (XIe s.) plantée au beau milieu de la plus grande artère piétonne et commerçante de la ville ! Admirablement conservée avec son plan en croix, sa coupole ornée de peintures splendides et ses colonnes à chapiteau sculpté. Les fidèles passent y brûler un cierge à sainte Barbe, entre deux achats.
→ *Ermou Tél. 210 32 24 462 Tlj. 9h-18h (14h w.-e.)*

★ **Psirri** B5
Ancien quartier des forgerons et du travail du cuir, limité au nord par les boutiques d’épices d’Evripidou, Psirri connaît un regain d’activité pour le plus grand bonheur des Athéniens. Promenade paisible et ensoleillée entre maisons néoclassiques, églises et galeries d’art, *street art* et jeunes créateurs. La nuit, les tavernes s’éveillent, tandis qu’une jeunesse bruyante se presse dans les bars branchés.

★ **Mouseio Islamikis Technis** A5
Cette annexe du musée Benaki (**D** C1) expose la collection d’art islamique d’Antonis Benakis (1873-1954), riche Grec né à Alexandrie. Délicats objets d’or et d’argent, de verre et de céramique, tapisseries fines, armes élégantes, soieries persanes, armures : un formidabl[e] voyage dans le temps, de la naissance de l’Isla[m] à la période ottomane. Plus de 8 000 objets du VIIe s. au XIXe s., provenant d’Inde, d’Espagne, du Maghreb ou encore d’Asie Mineu[r]. Au 3e étage, une salle de réception d’une rich[e] maison du Caire du XVIIe a même été reconstitué[e].
→ *Agion Assomaton 22 / Dipilou Tél. 210 32 51 311 Jeu.-dim. 10h-18h Tarif 9€*

★ **Plateia Omonias** (
La “place de la Concord[e]” plaque tournante toute

Mikri Mitropoli

Kapnikarea

Kapnikarea

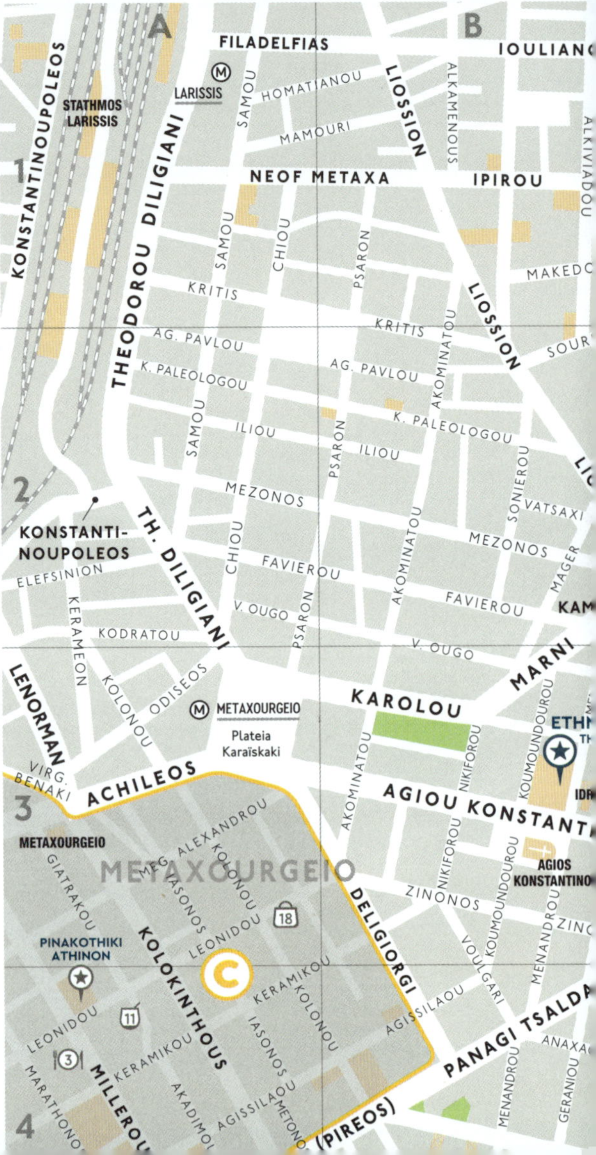

B

Psirri / Omonia / Kentriki Agora

D'Omonia à Psirri, voilà l'Athènes cosmopolite et haute en couleur : petites et grandes places dégagées, artères trépidantes, foule pressée, vendeurs ambulants, comme un grand marché où tout et tous se côtoient. Dépasser les quelques ruelles interlopes du côté de la rue Koumoundourou, et déjà, le centre historique impose son style solennel. Au sud, la cathédrale inspire le respect par sa hauteur, tandis qu'à Psirri les nuits s'éternisent jusqu'au petit matin. Alors, les produits frais envahissent les étals de la halle centrale, et la valse des automobiles reprend sur Omonia.

O Kostas

Atlar

TAVERNES

O Kostas C5 ①
Une échoppe où dévorer de savoureuses brochettes, sur la place Sainte-Irène. Voici le meilleur souvlaki d'Athènes ! Brochette 1,20€, avec pita 2,20€.
→ Pl. Agia Irinis 2
Tél. 210 32 32 971
Sep.-juil. : lun.-ven. 9h-18h

To Diporto B4 ②
Il faut connaître pour dénicher cette taverne ! Deux escaliers pour descendre en sous-sol et on se croirait revenu au village un jour de marché. Plats simples : pois chiches, viande hachée parfumée et friture de poisson. Carte 10-12€.
→ Sokratous 9 / Theatrou
Tél. 210 32 11 463
Sep.-juil. : lun.-sam. 8h-19h

I Taverna tou Psirri B5 ③
Fresques aux murs croquant des scènes de tavernes, bonne humeur et odeur alléchante ! Choisir son plat en cuisine avant de commander : poissons au four, viandes en fricassée, sauce œuf et citron. Bon petit vin en pichet. Carte 10-15€.
→ Eschilou 12
Tél. 210 32 14 923
Sep.-juil. : tlj. 12h-0h

Klimataria B4 ④
Des tonneaux en bois peint, une cuisine sans-façon, du pain fait maison et le rébétiko qui résonne (mer.-sam. soir). Une taverne authentique sous la treille et hors des sentiers battus. Carte 12-15€ (suppl. soirée musique 3€/pers.).
→ Pl. Theatrou 2
Tél. 210 32 16 629 Tlj. 12h-1h

RESTAURANTS

Atlantikos B5 ⑤
Le poisson se fait plutôt rare à Psirri, mais chez Altantikos on croise des bancs de sardines grillées, de la petite friture, du thon en brochettes et des plats du jour comme ces sardines confites et leur purée de fève. Carte 12-15€.
→ Avliton 7
Tél. 213 03 30 850 Tlj. 13h-1h

Feedελ Urban Gastronomy C6 ⑥
Une terrasse arborée signale cette adresse innovante : dans une ambiance tamisée, petits plats et cocktails inventifs défilent et surprennent à coup sûr. Le mieux est encore de prendre plusieurs plats et de les partager ! Carte 30-40€.
→ Ktena 1 Tél. 210 32 10 551
Tlj. 13h (18h lun.-jeu.)-1h

Six D.o.g.s.

Faust

Paraphernalia

CAFÉS, BARS

Six D.o.g.s. C5 7
Passer sous le porche, descendre quelques marches et voici un café culturel doté d'un jardin sous les grands arbres. Soupes sous la tente en hiver et sieste dans le hamac à l'ombre en été, café et salades toute l'année ! Live ou DJ pour des musiques de nuit sous les étoiles !
→ *Avramiotou 6-8*
Tél. 210 32 10 510
Tlj. 10h-3h (4h ven.-sam.)

Rooster C5 8
Parmi les cafés et bars rassemblés en chapelet autour de l'église, le Rooster donne le ton : "Feel free", et la prière est exaucée, sous l'œil de sainte Irène. Gay friendly.
→ *Pl. Agia Irinis 4*
Tél. 210 32 24 410
Tlj. 9h-dernier client

Bartesera D5 9
Niché dans le passage Praxitelous, un bar très agréable pour picorer salades et assiettes froides le jour ou siroter un verre dans une ambiance chaleureuse le soir. Cafés de toutes les origines, carte des alcools très fournie et expos régulières sur les murs clairs.
→ *Kolokotroni 25 / Praxitelous*
Tél. 210 32 29 805
Tlj. 10h-2h (4h ven.-sam.)

Noel C5 10
Lustres de cristal, tentures de velours rouges, dorures rococo et palmiers, le bar le plus photographié de la ville brille par son exubérance burlesque et ses cocktails explosifs ! En prime, pizzas et petits plats italiens servis toute la journée.
→ *Kolokotroni 59B*
Tél. 211 21 59 534
Tlj. 10h-2h (4h w.-e.)

Tranzistor B5 11
Ce bar de Psirri met la musique à fond et fait danser les oiseaux de nuit sur des tubes éclectiques ! En journée, on y passe volontiers pour grignoter un morceau ou prendre un café sur les tables communes.
→ *Protogenous 10*
Tél. 210 32 28 658 Tlj. 10h-4h

BARS CULTURELS

Booze Cooperativa C5 12
Attention ! Lieu culte où tout se mélange, où tout est possible. Musique, théâtre, expos, tandis que, sur de longues tables en bois, on joue aux échecs, on boit un verre, on regarde un film en VO.
→ *Kolokotroni 57*
Tél. 211 40 53 733
Tlj. 11h-3h (0h dim.)
www.boozecooperativa.com

Faust C5 13
Une maison aux airs d'opéra, tentures de velours et meubles d'époque : bar, café et scène musicale (jazz, musiques du monde...).
→ *Kalamiotou 11 / Athinaidos 12 Tél. 210 32 34 095*
Sep.-juin : tlj. 21h-4h (6h ven.-sam.) www.faust.gr

SHOPPING

Karras B5 14
Une affaire de famille, de Rethymnon, en Crète, à Psirri, le quartier des grossistes du cuir à Athènes. Antonis Karras assemble là son ouvrage et lui donne forme sur l'établi : sac, sacoche, ceinture.
→ *Miaouli 12*
Tél. 210 32 49 060
Lun.-sam. 10h-16h (19h mar., jeu.-ven.)

Elixir B5 15
Magnifique échoppe d'épices à l'ancienne où se mêlent, sous les torsades de raphia, plantes médicinales et aromates, chapelets de piments, bâtons de cannelle et de vanille, thé en vrac, miel, savons...
→ *Evripidou 41*
Tél. 210 32 15 141
Lun.-sam. 8h30-16h

To Pantopoleion C4 16
Le meilleur des produits grecs, des plus habituels aux plus rares, pour remplir son panier de saveurs exquises.
→ *Sofokleous 1*
Tél. 210 32 34 612
Lun.-sam. 9h (10h sam.)-18h

Paraphernalia D5 17
Dans ce concept-store, une belle sélection d'objets design parfois rétro : lampes en papiers, carnets de voyages, porte-monnaie, vaisselle, etc.
→ *I. Paparigopoulou 15*
Tél. 213 03 43 663
Lun.-sam. 11h-20h (18h lun., mer. ; 17h sam.)

Remember Fashion B5 18
Sur deux étages, des fripes du sol au plafond ! L'endroit idéal pour se refaire une garde-robe rock et *eco friendly* à moindre frais. On y déniche pépites et pièces atypiques, comme ce trench imprimé cubiste, un perfecto clouté ou encore un blazer bleu à motif léopard...
→ *Eschilou 28*
Tél. 210 32 16 409
Lun.-sam. 10h-21h (20h sam.)

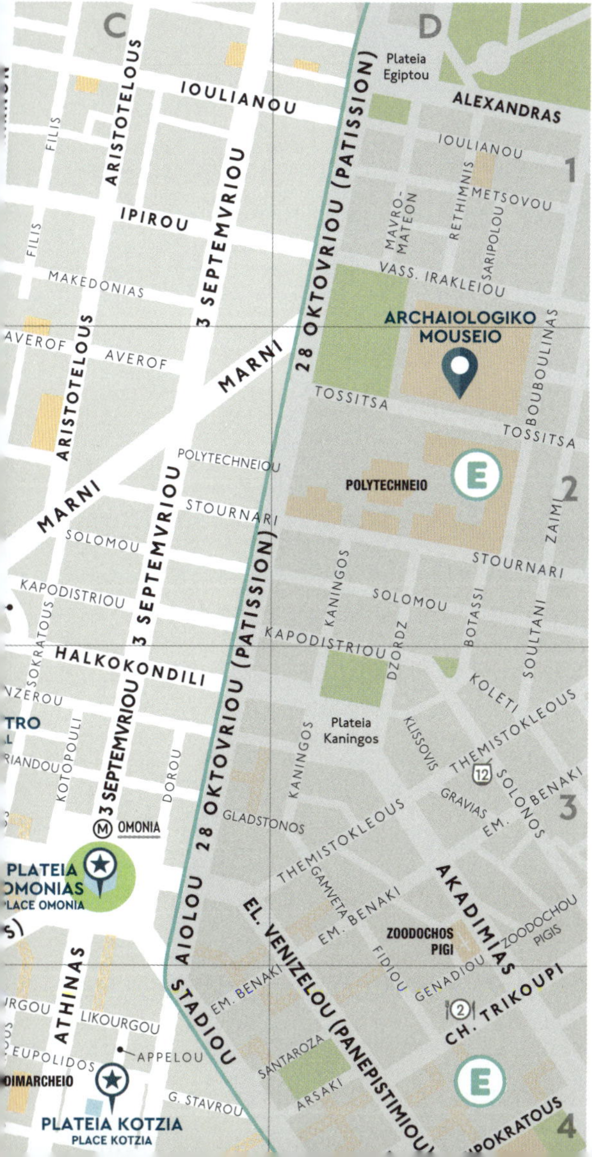

Plateia Omonias

Ethniko Theatro

Kentriki Agora

Plateia Kotzia

Plateia Karitsi

e du centre d'Athènes : trolleys, taxis jaunes, ques-bazars hargés et envolées geons ! On va y cher son quotidien nement livré au petit n, y avaler un *souvlaki* e pouce ou y attraper correspondance étro. Hôtels de luxe, des enseignes : oule hétéroclite et ée passe et repasse.

thniko Theatro B3

re une belle œuvre e Ziller en 1891, ois conservatoire ène nationale édies antiques odernes). À visiter, le foyer et la superbe salle 1900. Ne pas repartir sans remarquer, juste en face, la fondation de la Banque nationale – Idryma Ethniki Trapeza – (expositions), et l'église Agios Konstantinou (1893). En somme, une trilogie grecque : théâtre antique, dôme byzantin et édifices néoclassiques.

→ *Agiou Konstantinou 22-24*
Tél. 210 52 88 170

★ **Kentriki Agora** C4

Sous de belles halles à arcades (1879) vibre le marché central d'Athènes. Pour assister au spectacle captivant à la limite de l'écœurement des étals de viande et de poisson et ressentir la douce confusion de l'Occident et de l'Orient. Une fois la nuit tombée et le calme revenu, des tavernes populaires éclairées de guirlandes lumineuses accueillent les noctambules.

→ *Athinas*
Lun.-sam. 6h30-15h

★ **Plateia Kotzia** C4

Sous l'œil de Périclès, cette large esplanade piétonne réunit les bâtiments jaune pastel de la mairie et de sièges bancaires, dont la Banque nationale. Sous des dalles de verre, les centaines de tombes du cimetière qui s'étendaient jusqu'à la place Omonia dans l'Antiquité.

★ **Plateia Karitsi** D5

Derrière les immeubles imposants de l'avenue Stadiou, une place Art déco "lilliputienne et très alternative", comme les Athéniens aiment à la décrire. Boutiques de créateurs et cafés se serrent autour de l'église Agios Georgios. Ici, les hommes d'affaires font escale le soir et dénouent leur cravate, tandis que les comédiens du théâtre Mousouri se promènent comme dans un jardin privé.

Ellinikos Kosmos

Athinaïs

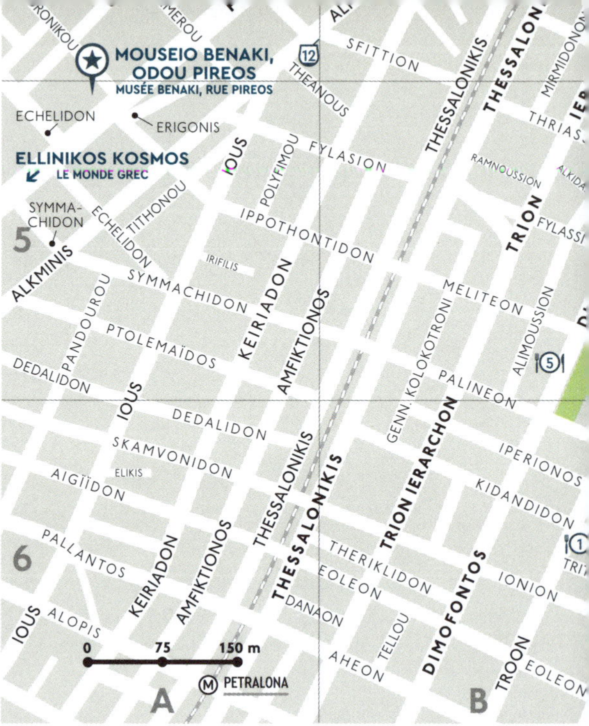

★ **Technopolis** C3
Un centre culturel installé dans un ancien complexe gazier du quartier Gazi... le bien nommé ! Décor hallucinant de cheminées, gazomètres, citernes et autres fours de distillation, qui sert de cadre à des expositions.
→ *Pireos 100*
Tél. 213 01 09 300 Tlj. 8h-22h (17h en cas de concert)

★ **Mouseio Benaki, odou Pireos** A5
Le dernier-né des musées Benaki est tout de briques roses, de bois clair et d'acier. Il fait suite aux deux autres — Archéologie (**D** C1) et Arts islamiques (**B** A5)—, se consacre aux XXe et XXIe s. et prête son élégance à l'art contemporain grec : peinture, sculpture, photo, scénographie, etc.
→ *Pireos 138 / Andronikou*
Tél. 210 34 53 111
Sep.-juil. : mar.-dim. 10h-18h (22h ven.-sam.) Tarif 5-15€

★ **Ellinikos Kosmos**
hors plan A5
L'expérience de la Grèce en trois dimensions, à vivre au théâtre, au cinéma Imax et dans un cybermusée : rencontre (très réussie) des âges de l'Antiquité et des dernières technologies de la réalité virtuelle. Pour que l'Agora et l'Athènes de Périclès se redressent sur la toile.
→ *Pireos 254 Tél. 212 25 40 100*
Ven., dim.-mer. 10h-13h30 (18h ven., dim.) ; sam. 11h-16h

★ **Athinaïs** B1
Une collection permanente d'art moderne grec dans une ancienne fabrique de soie. Les poutrelles d'acier en accent circonflexe de la charpente chapeautent les poteries et objets archéologiques dans une jolie mise en scène. Athinaïs est aussi un centre culturel (salles de concerts, théâtre et cinéma).
→ *Kastorias 34-36*
Tél. 210 34 80 000 Horaires et tarif variables selon les expos

★ **Metaxourgeio** C2
Tombé dans l'oubli, ce quartier renaît sous l'influence d'artistes renommés à une vie culturelle où l'art contemporain a la part belle. Les demeures néoclassiques sont rénovées et nombre de bâtiments industriel des années 1950 réhab pour abriter bars et gale

★ **Pinakothiki Athinon** D1
Un fonds de 2 500 œuv hellènes des XIXe-XXe s. (peintures, gravures, sculptures) mises en lumière en fonction des expositions thématique

Technopolis

Mouseio Benaki, odou Pireos

Ellinikos Kosmos

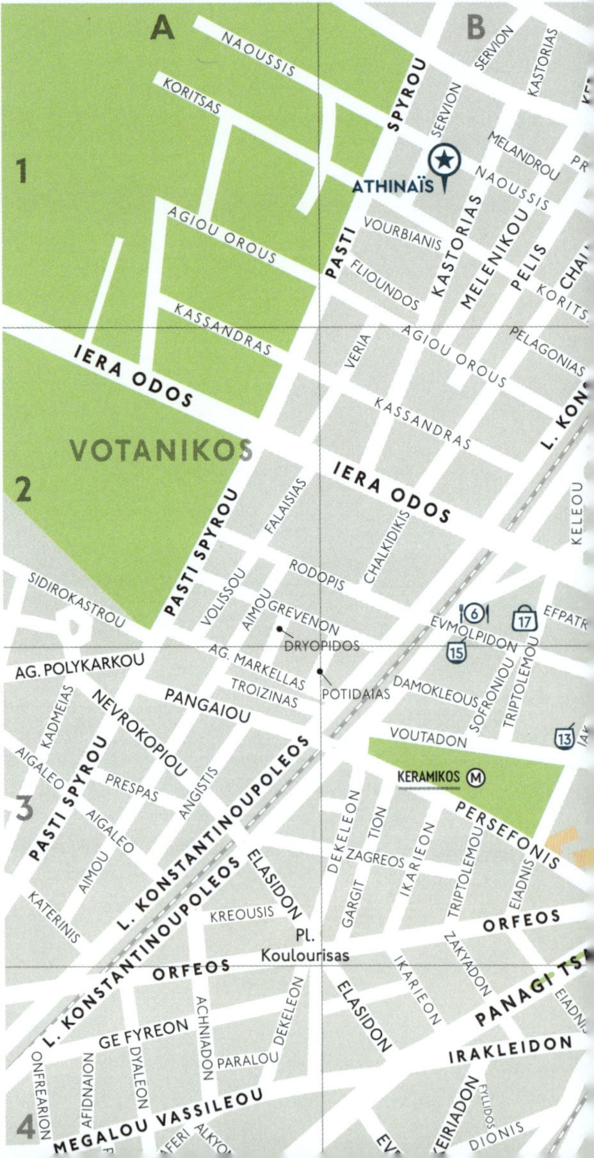

C

Thiseio / Keramikos / Gazi / Metaxourgeio

Entrepôts, usines, ateliers transformés, tout ou presque change de visage dans cette Athènes en mutation. Comme pour un travail de défrichage, il faut s'aventurer pour trouver, entre deux bâtiments néoclassiques abandonnés, un musée, un bar, un restaurant. Illuminé de rouge, laissant passer la lumière blanche de l'Acropole au-dessus de ses cheminées, l'ancien complexe gazier converti en un vaste centre culturel a donné le ton : jeune, très urbain et un brin provocant. Au nord de la ligne du métro aérien, changement de décor, avec le souvenir des potiers et les stèles millénaires du Keramikos.

Metaxou

Upupa

TAVERNES, MEZEDOPOLIA, OUZERI

Ikonomou B6 (1)
Favas (purée de pois cassés) à l'échalote et autres petits plats simples et bon marché à découvrir en été, dans la fraîcheur d'une terrasse de quartier. Carte 10-15€.
→ Troon 41 Tél. 210 34 67 555 Sep.-juil. : tlj. 19h (12h w.-e.)-1h

To Steki Tou Ilia C3 (2)
Les fins connaisseurs l'affirment : les côtelettes d'agneau sont ici les meilleures ! À déguster avec les doigts, un zeste de citron et un verre de vin. Carte 13€.
→ Thessalonikis 7
Tél. 210 34 22 407 Dim.-ven. 12h-1h (19h dim.), sam. 13h30-1h

To Avgo tou Kokkora D2 (3)
Dans un bâtiment 1930, plafonds peints, pans de murs d'origine et cour intérieure... Les recettes, restées populaires, sont savoureuses. Soupe de coq servie jusque tard dans la nuit. Carte 15€.
→ Millerou 23 / Leonidou
Tél. 217 70 50 103 Tlj. 12h-1h

Metaxou hors plan C1 (4)
On y mange, on y danse, et on y boit, jusqu'à ne plus tenir debout ! Musiciens grecs en live tous les soirs et ambiance garantie. Cour ombragée l'été. Carte 15-20€.
→ Pythodorou 10
Tél. 210 52 29 290 Été : mar.-dim. 12h-tard dans la nuit ; hiver : jeu.-sam. 20h30-tard dans la nuit, dim. 13h30-22h

RESTAURANTS

Diomatari B5 (5)
En entrant, on est déjà en Crète : atmosphère chaleureuse, recettes authentiques et familiales. Le patron, arborant une moustache et doté d'une solide poignée de main, passe de table en table. Concerts le week-end pour s'essayer aux danses crétoises. Carte 15€.
→ Dimofontos 80
Tél. 210 34 55 505
Mar.-ven. 19h-1h, w.-e. 13h-0h

Kanella B2 (6)
La cannelle pour emblème et une grosse femme en porte-drapeau, Kanella se couche tard. Les comédiens des théâtres alentour s'y retrouvent autour d'une assiette de *souzoukakia* (boulettes de viande), de saucisse de Drama, de *dolmadakia* (feuilles de vigne farcies). Carte 15€.
→ L. Konstantinoupoleos 70
Tél. 210 34 76 320 Tlj. 13h-2h

Kolonaki, cœur de toutes les élégances, collectionne boutiques de luxe et terrasses raffinées. Plus au nord, la colline du Lycabette se hisse jusqu'à des hauteurs vertigineuses pour offrir un panorama à couper le souffle. Visions aériennes aussi du haut de la petite colline de Strefi, au-dessus du quartier étudiant d'Exarchia, qui a gardé tout son potentiel rebelle. De là, cap sur les joyaux de l'Antiquité : le Musée archéologique dévoile, entre autres merveilles, de séduisants kouroï à la beauté olympienne. Pour une pause, direction le champ de Mars, à peine plus au nord.

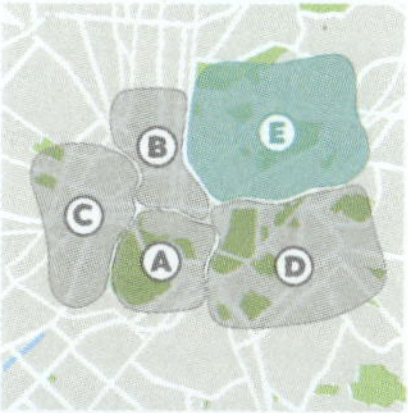

Cocona

Ama

TAVERNES, RESTAURANTS

Cocona C4 ①
Devant nos yeux gourmands, Maria exécute en un tour de main de délicieuses *gözleme*, crêpes très fines que l'on garnit ensuite en version sucrée ou salée. La note, elle, ne le sera pas ! Plat 5-10€.
→ *Milioni 10 Tél. 210 36 46 563 Lun.-sam. 9h-19h (18h sam.)*

Ara...Zo A3 ②
Au fond d'un petit passage, un restaurant de quartier ouvert seulement le midi. Michalis et ses enfants accueillent leurs convives autour de quelques tables et de trois plats maison, renouvelés chaque jour : viandes au four ou en sauce, poissons grillés et légumes variés. Carte 10-12€.
→ *Charilaou Trikoupi 16 Tél. 210 36 30 568 Lun.-ven. 13h-17h30*

Lefka C2 ③
Tonneaux en bois, chaises en paille, tables rustiques... Dans le décor d'une taverne d'antan, en salle ou sous la treille, on déguste une agréable cuisine familiale. Carte 13-15€.
→ *Mavromichali 121 Tél. 210 36 14 038 Lun.-sam. 13h30-0h, dim. 13h-17h*

Ama Lachei B2 ④
Dans cette ancienne école communale, on déjeune à l'étage de *mezedes* à la grecque et l'on dîne à la française au rez-de-chaussée, Chez Violette, avant de prendre son café dans la cour, sous la tonnelle. Un joli cadre et une cuisine récréative. Carte 15-20€.
→ *Kalidromiou 69 Tél. 210 38 45 978 Tlj. 10h30 (19h dim.-lun.)-0h30*

Kafeneion D4 ⑤
Avec ses nappes blanches et ses verres ballon, cette taverne-bistrot a la faveur de Kolonaki. On y déguste notamment des artichauts à la façon de Constantinople, des aubergines en chausson et le cochon de lait au four. Une cuisine authentique que l'on retrouve sur les tables grecques le dimanche, à la maison. Carte 15-20€.
→ *Loukianou 26 Tél. 210 72 37 757 Sep.-juil. : lun.-sam. 12h-0h*

Oikeio D4 ⑥
Toujours bondé, ce très joli restaurant aux accents champêtres promeut une gastronomie grecque modernisée et inventive. Carte 18-23€.
→ *Ploutarchou 15 Tél. 210 72 59 216*

Pedio Areos

Archaiologiko Mou

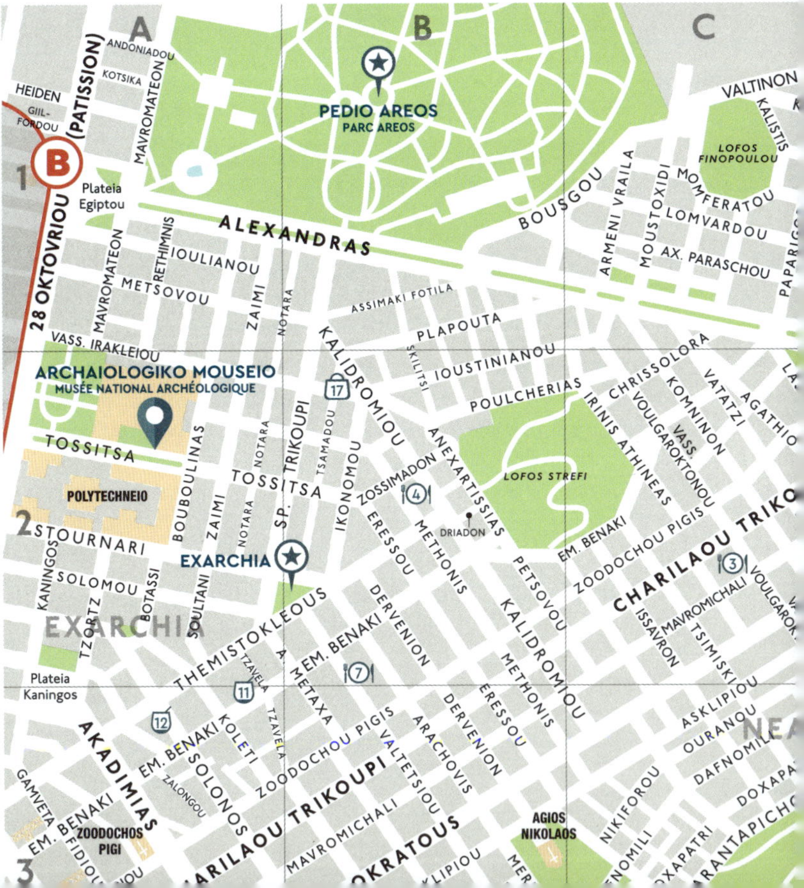

Ethniko Istoriko Mouseio

Plateia Dexamenis

★ **Pedio Areos** B1
Le plus grand parc d'Athènes (XIXe s.) aux larges allées ponctuées de statues des héros de la guerre d'Indépendance, une halte bienvenue après la visite du Musée archéologique. Les anciens aiment à y refaire le monde en jouant au *tavli* (backgammon grec). À éviter la nuit alors que s'y installe une faune interlope. Foire aux livres en septembre.

Archaiologiko Mouseio A2
Le Musée archéologique, ou la plus belle collection d'art grec antique au monde, à ne manquer sous aucun prétexte. Parmi ses inestimables trésors : le masque dit du roi Agamemnon (XVIe s. av. J.-C.), le Zeus (Ve s. av. J.-C.) et le "Jockey" (IIe s. av. J.-C.) de l'Artémision.
→ 28 Oktovriou 44
Tél. 213 21 44 800
Avr.-oct. : mar.-dim. 8h (13h mar.)-20h ; nov.-mars : mar. 13h-20h, mar.-dim. 9h-16h
Tarif avr.-oct. 12€, nov.-mars 6€

★ **Exarchia** B2
Symbole de la contestation du temps de la dictature des colonels (1967-1974), la place Exarchia reste, à l'image du quartier, le bastion privilégié des étudiants, anarchistes et marginaux en tout genre. La nuit, foule de noctambules et de fêtards aux terrasses, dans une folle ébullition.

★ **Akadimia, Panepistimio, Ethniki Vivliothiki** A3
Prestigieuse trilogie du savoir, de l'époque néoclassique, l'Académie (1859-1885), l'université (1839-1864) et la Bibliothèque nationale (1887-1903) trônent entre deux larges avenues. Élégante association des figures mythiques de l'Antiquité aux édifices par les frères danois Hansen et l'Allemand Ziller : du haut de leurs colonnes, Apollon et Athéna veillent sur l'Académie, tandis que le Sphinx insuffle sa sagesse légendaire à l'ensemble des bâtimer
→ Panepistimiou

★ **Nomismatiko Mouseio** B4
L'hôtel particulier XIXe si Ziller résonne encore de pas du célèbre archéolc allemand Heinrich Schliemann, qui en fut le premier occupant (très jolie salle de récep Aujourd'hui, le Musée numismatique y réveille le passé de la monnaie grecque, d'âge en âge. De pièces frappées au XIVe s. av. J.-C. à la drach récemment remplacée

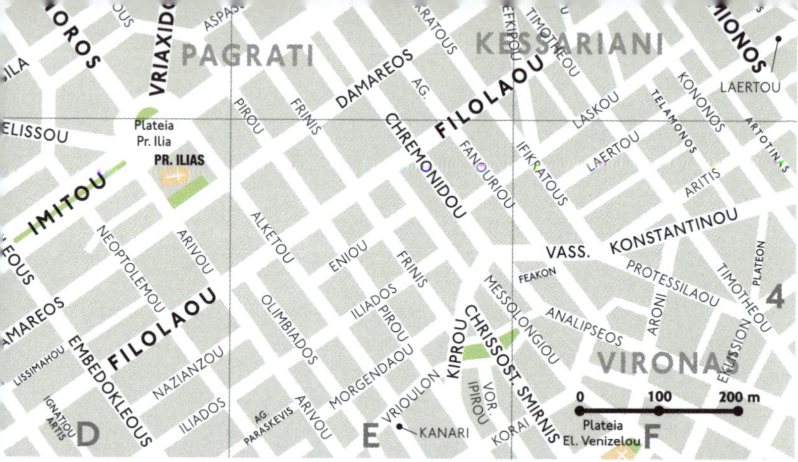

Panathinaïko Stadio

Stiles Olympiou Dios

...iptiki ...kothiki / Ethniki ...kothiki hors plan F1
...lerie de Sculptures ...rge les collections de ...acothèque nationale ..., qui réunit les meilleurs ...es de l'orientalisme ...dernisme et quelques ...es de Domenicos ...okopoulos, plus connu ...son surnom, Greco ...1614).
...âtre Badminton ...gioti Kanellopoulou ...0 77 09 855 Mer.-lun. ...3h (21h mer.) Tarif 10€

...useio Synchronis ...nis Goulandri C3
...t récent musée ...moderne abrite la collection mythique du couple Goulandris, richissimes armateurs. Entourant un joli édifice néoclassique, un bâtiment moderne de 1 200 m² recèle des merveilles des XIXe et XXe s. Degas, Van Gogh, Klee, Picasso sont au rendez-vous.
→ Eratosthenous 13 Tél. 210 72 52 895 Mer.-dim. 10h-18h (20h ven.) Tarif 8€

★ Panathinaïko Stadio C3
45 000 places, 204 m de long, et blancheur immaculée du marbre pentélique pour ce stade en U édifié à l'occasion des premiers JO modernes de 1896, sur les fondations du stade antique de Lycurgue (338 av. J.-C.).
→ Vass. Konstantinou Tél. 210 75 22 984 Mars-oct. : tlj. 8h-19h ; nov.-fév. : tlj. 8h-17h Jogging matinal de 7h30 à 9h Tarif 5€

★ Stiles Olympiou Dios / Pili Adrianou A3 / A2
Colossal Olympeion ! Entrepris au VIe s. av. J.-C., les travaux ne furent achevés que 650 ans plus tard par l'empereur romain Hadrien. Sur les 104 colonnes corinthiennes seules 15 sont debout et n'en impressionnent pas moins. La porte d'Hadrien, arc de triomphe en marbre construit en 131, séparait la nouvelle ville romaine de l'ancienne cité de Thésée.
→ Amalias / Vassilissis Olgas Tél. 210 92 26 330 Avr.-sep. : tlj. 8h-20h ; oct.-mars : tlj. 8h30-16h30 Tarif 8€

★ Evraïko Mouseio Ellados A2
Pour découvrir, à travers objets rituels, ustensiles, enluminures, etc., l'histoire des Juifs de Grèce. Romaniotes (byzantins hellénophones) ou séfarades (originaires de la péninsule Ibérique), la plupart périrent lors de la Shoah.
→ Nikis 39 Tél. 210 32 25 582 Lun.-ven. 9h-14h30, dim. 10h-14h Tarif 6€

charakis

Mouseio Benaki

Mouseio Goulandri Kikladikis Technis

Aegli Zappiou

Palia Markiza

Matsouka

toute la tablée : feuilles de vigne, *dakos*, escargots, pita aux herbes, agneau au four, chèvre au feu de bois… tout est absolument délicieux. Carte 20-25€.
→ *Eufroniou 47*
Tél. 210 72 11 161
Tlj. 13h-0h (19h dim.)

PÂTISSERIE, CAFÉS, BARS

Chatzis A1 7
Le grand pâtissier de Thessalonique a sa boutique à Athènes. Doux au regard comme en bouche, les baklavas remontent de l'atelier dans les bras des commis à toque blanche. Que nos vies soient douces et sucrées, souhaitent les Grecs !
→ *Mitropoleos 5*
Tél. 210 32 22 647
Tlj. 7h-23h (1h ven.-sam.)

Aegli Zappiou B2 8
Le grand café du Jardin national, à l'ombre de l'imposant Zappeion. Assis sous le large auvent, on sirote un café frappé, ou déguste une salade ou, au dîner, une cuisine plus créative. Voisin d'un des plus anciens cinémas de plein air, le café s'anime en soirée !
→ *Zappeion*
Tél. 210 33 69 300 Tlj. 9h-0h

L'Arrêt du temps E1 9
Pour une pause dans de grands fauteuils en cuir entre deux visites au musée. Quelques tables en terrasse, le temps de dire “ouf !” et de repartir, ou de profiter du temps arrêté dans la chaleur de l'été.
→ *Vassilis Alexandrou 8*
Tél. 210 72 53 200 Tlj. 9h-1h

Odeon Café B3 10
Un petit café-bistrot pour passer des heures tranquilles en compagnie d'un café ou d'un verre de vin. Piano, guitare et contrebasse sont en place sur la scène et n'attendent plus que les musiciens ! Concerts fréquents.
→ *Markou Mousourou 19*
Tél. 210 92 23 414 Tlj. 10h-2h

Small 8 D2 11
Le Small 8 s'inscrit dans le palmarès des *places to be* de Pangrati. On y sert des cocktails comme l'Hemingway (rhum, marasquin, citron vert et pamplemousse), mais aussi du vin au verre, des salades et des tartines. DJ et fête absolue les w.-e.
→ *Archelaou 8*
Tél. 215 53 08 846
Tlj. 10h-2h (3h ven.-sam.)

Aerostato D2 12
Quelques notes de jazz, des lumières tamisées et de larges baies vitrées : voilà un chaleureux café de quartier, qui sort ses tables sur la place Proskopon en été. Ambiance nettement plus animée le soir.
→ *Pl. Proskopon / Ptolemaion 4 Tél. 210 72 41 116*
Tlj. 10h-2h30

CONCERTS, RÉBÉTIKO

Half Note A4 13
Sans doute la meilleure scène de jazz à Athènes. Pointures internationales.
→ *Trivonianou 17*
Tél. 210 92 13 310
Mi-oct.-mi-mai : ven.-sam. 22h-1h, dim. 21h-0h
www.halfnote.gr

Palia Markiza C4 14
Des musiciens talentueux entraînent sur scène un public enthousiaste sur les rythmes lents et graves du rébétiko ou du *laïka* (chansons plus légères). Bouteille 30€.
→ *Proklou 41-43*
Tél. 210 75 11 888
Oct.-mai : ven.-sam. 22h30-4h, dim. 14h-19h

SHOPPING

Matsouka A1 15
Du sol au plafond, c'est un bazar de fruits secs et de loukoums. Couleurs et saveurs en vrac depuis 1959.
→ *Karagiorgi Servias 3*
Tél. 210 32 52 054 Tlj. 8h-23h

Mastihashop B1 16
Le magasin de l'Union des producteurs de *masticha* de Chios, une gomme naturelle aux nombreux bienfaits. Elle entre dans la confection des *loukoumia* aux soins du visage, sans oublier le “chewing-gomme” !
→ *Panepistimiou 6*
Tél. 210 36 32 750
Lun.-sam. 10h-20h (18h sam.)

Hallelujah D2 17
Coupes modernes, fluides et élégantes, tons discrets et textiles naturels sont les marques de fabrique de cette enseigne de créateur. Tuniques, pantalons, robes et accessoires, on renouvelle sa garde-robe à prix modéré : alléluia !
→ *Archelaou 32*
Tél. 210 72 35 210
Lun.-sam. 10h-17h (21h mar., jeu.-ven.)

M. Katifori D2 18
Styliste pour de grandes marques, Joe a créé sa propre enseigne. Elle chine des tissus qui l'inspirent et dessine des formes amples aux accents orientaux. Pièces uniques et pour toutes les bourses.
→ *Archelaou 32*
Tél. 210 72 33 870
Lun.-sam. 10h-17h (21h mar., jeu.-ven.)

D

Syntagma / Vassilissis Sofias / Pagrati

Étourdissante Vassilissis Sofias, large et longue avenue ponctuée des musées les plus prestigieux, pour une balade dans l'histoire grecque, de la civilisation cycladique à nos jours, en passant par Byzance. Flots de passants sur Syntagma, place du Parlement, que rythme le ballet des evzones. Plus au sud, place à la végétation luxuriante du Jardin national et à la rigueur néoclassique des allées fleuries du Zappeion. Charme et ambiance village autour d'Arditos et rues en pente de Mets à Pagrati : restaurants, cafés, stylistes émergents ... avant la blancheur immaculée du stade Panathénaïque.

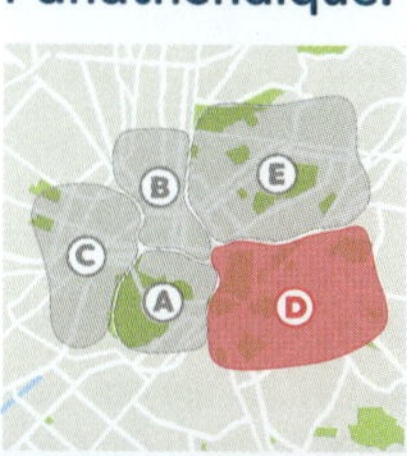

Piggypopoulo

Cl

TAVERNES

Koi Sushi Bar A1 ①
Grand exportateur de poisson en direction du Japon, la Grèce se met à la mode sushi. Makis et sushis sont en passe de détrôner les *souvlakis* d'à côté. Petits prix : 3,80€ les 6 makis au saumon ou 14€ les 18 pièces makis-sushis !
→ *Nikis 15*
Tél. 210 32 57 440 Tlj. 12h-0h

Piggypopoulo D2 ②
Piggy, "le" rendez-vous *souvlaki* de Pagrati ! À déguster sur les nappes à carreaux rouge et blanc ou à emporter. Fraîcheur et qualité garanties. Compter 8-10€.
→ *Archelaou 16*
Tél. 210 72 37 100
Tlj. 13h30-23h

Tzitzikas & Mermigas A1 ③
Ou "La Cigale et la Fourmi" d'Esope, imité par La Fontaine. La fourmi a fait ses provisions et choisi son décor : un vieux magasin d'alimentation. Papier kraft en guise de nappe, couverts à sortir soi-même des tiroirs... Carte variée et beaux desserts. Carte 15-20€.
→ *Mitropoleos 12-14*
Tél. 210 32 47 607 Tlj. 12h30-1h (0h lun.-mer. ; 23h30 dim.)

RESTAURANTS

Fatsio D2 ④
Quel décor dans ce restaurant des années 1950 au plafond peint de fleurs et de ramages ! Les plats dans des vitrines réfrigérées et les tables aux nappes blanches rappellent une Athènes surannée. Cuisine familiale, plats simples et goûteux. Compter 10-15€.
→ *Efroniou 5*
Tél. 210 72 17 421
Tlj. 11h-18h

To Mavro Provato D2 ⑤
Le "Mouton noir" dans un cadre un brin branché, pour une cuisine un brin originale. Ses origines d'Asie Mineure se retrouvent dans la salade Mirto, alliant délicatement salé et sucré, la purée d'aubergine infiniment légère ou le veau à la tomate fondant. Réserver. Carte 15-20€.
→ *Arrianou 31*
Tél. 210 72 23 466
Tlj. 13h-1h (19h dim.)

To Kaplani F2 ⑥
La cuisine crétoise est à l'honneur dans ce restaurant design au décor immaculé où les plats traditionnels débordent sur les tables, prêts à être partagés par

Syntagma

Ethnikos Kipos

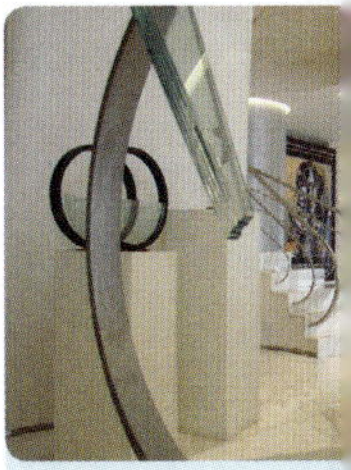

Vyzantino Mouseio

Gliptiki Pinakothiki / Ethniki Pinako

Syntagma A1
La place de la Constitution et son palais Vouli (1836-1842), actuel Parlement.
Les evzones, membres de la garde nationale, en jupe et mules à pompons, prennent des allures d'automates quand vient l'heure de la relève.
→ *Relève Tlj. ttes les heures Avec orchestre dim. 11h*

Ethnikos Kipos B2
Le Jardin national (1839), refuge ombragé aux 150 000 fleurs et essences venues d'Italie et de Grèce : s'y dissimulent fragments de mosaïques, colonnes renversées… et chats alanguis.
→ *Tlj. du lever au coucher du soleil*

★ **Idryma B&M Theocharakis** B1
Une fondation pour les beaux-arts et la musique, à l'initiative du mécène, entrepreneur et peintre grec, Theocharakis.
Art contemporain et musique de chambre dans ce musée qui a rejoint le cortège des grands.
→ *Vassilissis Sofias 9 Tél. 210 36 11 206 Juin-sep. : tlj. 10h-18h ; oct.-mai : tlj. 10h-18h (20h jeu.) Tarif 7€*

★ **Mouseio Benaki** C1
Les somptueuses collections d'art grec, byzantin, persan et islamique d'Antonis Benakis (1873-1954), riche négociant et grand voyageur établi au Caire.
→ *Koumbari 1 / Vass. Sofias 17 Tél. 210 36 71 000 Mer.-lun. 10h-18h (0h jeu. ; 16h dim.) Tarif 12€*

★ **Mouseio Goulandri Kikladikis Technis** C1
Témoignage d'une des plus brillantes et des plus anciennes civilisations (IIIe mill. av. J.-C.), le musée d'Art cycladique expose de fascinantes idoles à tête plate et bras croisés.
La pureté et la modernité de leurs lignes ont inspiré Modigliani, Picasso…
→ *Neofitou Douka 4 Tél. 210 72 28 323 Lun., mer.-sam. 10h-17h (20h jeu.) ; dim. 11h-17h Tar*

★ **Vyzantino Mouseio** D1
Dans une splendide villa de style florentin (1848), le Musée byzantin, pour tout comprendre de la grandeur byzantine, de 3 (naissance de l'Empire) à 1453 (sa chute). Œuvre de premier ordre (fresqu sculptures, mosaïques, enluminures, icônes) merveilleusement mises en scène.
→ *Vassilissis Sofias 22 Tél. 213 21 39 517 Oct.-avr. : mer.-lun. 9h-16h ; mai-sep. : tlj. 8h (13h mar.)-2 Tarif 8€*

Thiseio

Kentro Melina

onidou/ Millerou
10 32 43 023
sam. 10h-19h, mar.
21h, dim. 10h-16h
les expos Entrée libre
Keramikos C3
erbes folles ont envahi
tèles et statues du plus
cimetière de l'Attique
. av. J.-C.) : une paisible
nenade à deux pas
agitation urbaine.
ici, à l'extérieur
murs de la cité,
taient inhumés
itoyens dignes de cet
neur. Les plus fortunés
sent le long de l'allée
ombeaux. À l'entrée,
etit musée conserve
lus beaux vestiges.

→ Ermou 148 Tél. 210 34 63 552 Avr.-oct. : tlj. 8h-20h ; nov.-mars : tlj. 8h-15h Tarif 8€

★ Mouseio Keramikis D3
Dans l'ancien quartier des potiers, un petit musée sur l'histoire et les techniques de la terre cuite. Tours de potiers, cartes géologiques et géographiques présentés avec soin autour d'une paisible cour aux orangers. Et, pour mettre la main à la pâte, des ateliers de céramique !
→ Melidoni 4-6 Tél. 210 33 18 491 Lun.-ven. 9h-15h Entrée libre

★ Thiseio D4
Un petit quartier entre l'Acropole et la colline de Filopappou, oasis néoclassique. Un écran presque total de fumée de pots d'échappement le dérobait autrefois à la vue ! Aujourd'hui cafés et tavernes s'y sont installés. La rue piétonne Irakleidon descend vers Gazi, de bar en bar.

★ Mouseio Irakleidon D4
Un musée dédié à la science, à l'art et aux mathématiques, conjugués au présent ou au passé. Trois axes qui donnent l'occasion d'expositions aussi variées que la Science, l'Art et la Technologie en Chine archaïque ou en Grèce antique. Deux jolis bâtiments restaurés avec goût, l'un sur Irakleidon, l'autre *Apostolou Pavlou 37* (**C** D4).
→ Irakleidon 16 Tél. 210 34 61 981 Mer.-dim. 10h-18h Tarif 5€

★ Kentro Melina C4
Une ancienne fabrique de chapeaux reconvertie en centre d'exposition. À voir : la reconstitution d'une rue du début du XXe s. avec ses échoppes et son *kafeneion*... Pour les nostalgiques de l'Athènes de Melina Mercouri.
→ Irakleidon 66 / Thessalonikis Tél. 210 34 52 150 Mar.-dim. 10h-19h (15h w.-e.) Entrée libre

Metaxourgeio

Keramikos

Mouseio Keramikis

Micraasia

Rien

Galerie Rebecca Camhi

Proveleggios C1 7
Un restaurant au décor minimaliste ouvert par le très médiatisé chef Sotiris Kontizas ! Installé autour d'une cuisine ouverte où s'activent les cuisiniers, on goûte à différents *meze* inventifs et à des plats à base de viandes cuites au feu de bois, comme les fameuses boulettes de viande et les saucisses maison. Carte 15-20€.
→ *Paramithias 11*
Tél. 210 52 34 749
Lun.-sam. 19h30-0h30

Rakor C2 8
Très "raccord" avec le quartier, ce restaurant tenu par une jeune équipe offre des plats simples et bons. Dans un décor minimal avec de belles touches de couleurs, les plats végétariens et sans gluten voisinent avec les burgers. On craque aussi pour les veloutés et les feuilletés. Carte 15-20€.
→ *Plateon 10 Tél. 211 71 08 877*
Sep.-juil. : mar.-sam. 14h (13h ven.-sam.)-0h, dim. 12h-23h

CAFÉS, BARS

The Underdog D4 9
Des murs de brique illustrés au pochoir, de grandes tables et des chaises d'école sous une verrière. Voilà un bar pour travailler, discuter, et surtout prendre un bon café, récompensé par le championnat des *baristas* de Grèce ! En été, le patio, en retrait de la rue, apporte fraîcheur et tranquillité.
→ *Irakleidon 8*
Tél. 213 03 65 393
Fin août-juin : tlj. 9h-23h ; juil.-début août : tlj. 9h-17h

Ta Kanaria C2 10
Un café comme dans l'Athènes des années 1960... Les étudiants, attirés par les prix tout doux, s'y relaient sans discontinuer. Soirées *Karagiozis* pour les nostalgiques de l'impertinence politique du Guignol grec.
→ *Keramikou 88*
Tél. 210 34 25 166 Tlj. 8h-2h

Ble Papagalos D1 11
Fauteuils de jardin en fer forgé, végétation luxuriante et ventilateurs géants plantent le décor bohème-tropical de cette terrasse où lézarder pendant des heures, un cocktail turquoise à la main.
→ *Leonidou 31*
Tél. 211 01 21 099 Tlj. 9h-2h

Upupa Epops A4 12
Oups ! Une huppe niche dans cette maison en friche aux meubles dépareillés. Boissons fortes ou brunch fameux le dimanche dans la cour. Son sol carrelé de noir et blanc contraste avec les murs rouille et ocre.
→ *Alkminis 7*
Tél. 212 10 55 214 Tlj. 10h-2h

CONCERTS, CLUB

Gazarte B3 13
Un très beau cadre alliant bois, fer et vue sur l'Acropole pour ce bar-salle de spectacle branché, à l'image de Gazi.
→ *Voutadon 32-34*
Tél. 210 34 60 347
Mai-oct. : tlj. 19h-2h (3h ven.-sam.) www.gazarte.gr

Cabaret Voltaire D1 14
Ni fauteuil ni mocassin et pourtant ce Voltaire-là est un club très douillet. Liberté de ton, pêle-mêle d'objets insolites. On se croirait chez une vieille connaissance un peu excentrique.
→ *Marathonos 30*
Tél. 210 52 27 046 Mi-sep.-mi-juil. : mer., ven.-dim. 19h-4h

Micraasia B3 15
Un bar sympathique, où l'on peut commander des *mezes*, des vins grecs et des cocktails délicieux. Musique live et, les soirs de pleine lune, programmation spéciale. Terrasse sur le toit en été.
→ *L. Konstantinoupoleos 70*
Tél. 69 09 24 79 99
Mai-oct. : tlj. 19h-3h

SHOPPING

Industrial Gas Museum Shop C3 16
Dans la boutique du musée, un design inspiré de l'environnement post-industriel, original et de qualité : objets recyclés, bijoux, céramiques.
→ *Technopolis, Pireos 100*
Tél. 210 34 60 981
Mi-avr.-mi-oct. : mar.-dim. 10h-19h ; mi-oct.-mi-avr. : mar.-dim. 10h-18h

Rien B2 17
Ce petit Rien qui fait la différence. Des coupes sobres et élégantes sont la marque de cette jeune styliste. Dans son atelier-boutique, Penny coupe et coud sur commande. Elle héberge également des sacs souples et acidulés.
→ *Triptolemou 2-4*
Tél. 210 34 20 622
Lun.-ven. 12h-18h

Galerie Rebecca Camhi hors plan D1 18
Une galerie d'art doublée d'une petite boutique : côté galerie, on découvre les travaux d'artistes contemporains grecs ou internationaux ; côté boutique, une sélection pointue de céramiques, de bijoux et de livres.
→ *Leonidou 9*
Tél. 210 52 33 049
Lun.-sam. 12h-18h

Yoleni's

De Toute Façon

Apivita

Tlj. 12h30-0h (1h ven.-sam.)
Fermé le dim. en été

Yiantes B2 7

Une table chic, installée dans un ancien cinéma d'été. À la carte, saveurs traditionnelles et produits inattendus (comme les pépins de grenade) et biologiques.
À ne pas manquer, les *lachanodolmades* (feuilles de chou à la viande). Carte 20€.
→ *Valtetsiou 44*
Tél. 210 33 01 369
Tlj. 13h-23h (0h w.-e.)

CAFÉS, BARS

Yoleni's B4 8

Unique et inclassable, Yoleni's tient du restaurant, du bar à vins (plus de 400 étiquettes) et du *delicatessen*.
Sur trois étages, on trouve les meilleurs produits grecs à emporter ou à déguster sur place. Bistrot, gril, cours de cuisine : des tentations à foison !
→ *Solonos 9*
Tél. 212 22 23 600
Tlj. 8h (9h ven.-dim.)-0h

Café Dexameni C4 9

Un petit café en escalier le long de la place Dexameni ! Pour un expresso, une glace, un verre d'ouzo à la tombée de la nuit, sous les orangers.
→ *Pl. Dexamenis*
Tél. 210 72 24 609 Été : tlj. 10h-2h ; hiver : tlj. 10h-18h

Plateia Mavili F3 10

Une place-terrasse lorsque vient l'été, rendez-vous des habitués des bars qui y sont installés.

Mpriki

→ *Dorileou 6*
Tél. 210 64 52 380 Lun.-ven. 10h-tard, w.-e. 15h-tard

Rezin A3 11

En journée, le chocolat fond dans les casseroles pour être ensuite mélangé à du lait frais, chaud ou froid. La nuit ? Tournées de bière sur fond de musique rock ! Le patron est là depuis près de 30 ans : une institution, en somme.
→ *Em. Benaki 53*
Tél. 210 38 46 385
Tlj. 13h (14h dim.)-2h

Kafekouti A3 12

Aux abords d'Exarchia, collation toute la journée et ambiance jazz le soir. Aussi, musique latino et cocktails venus de Cuba pour danser entre les tables jusqu'au petit matin.
→ *Solonos 123*
Tél. 210 38 40 559
Sep.-juil. : tlj. 12h (16h dim.)-4h

Mojo club hors plan F4 13

La notoriété de ce café-bar tient beaucoup à la personnalité des patrons. Deux Giorgos sont derrière le bar ! Un rendez-vous pour tous les temps (terrasse en été) et tous les âges. Concerts certains soirs.
→ *Papadiamandopoulou, 36*
Tél. 210 77 57 033 Tlj. 10h-3h
www.mojoclub.gr

SHOPPING

Marianna Petridi D4 14

Des bijoux de jeunes créateurs grecs, mais aussi ses propres bijoux et ceux de sa fille à découvrir dans de jolies vitrines : Mme Petridi travaille sur sa table l'argent, l'or et les pierres. Prix raisonnables pour des originaux.
→ *Charitos 34*
Tél. 210 72 17 789
Lun.-sam. 10h30-15h30 (20h30 mar., jeu.-ven.)

Apivita C4 15

La "petite abeille" et ses cosmétiques bio ont investi un beau bâtiment néoclassique de Kolonaki. Au rdc : des crèmes à base de miel, de thym et d'huiles essentielles. Au premier : un bar avec jus bio et un coin laboratoire pour concocter "sa" crème. Au second : un coiffeur ; et au troisième : un spa. Pour virevolter, telle une abeille, d'un étage à l'autre !
→ *Solonos 6 / Kanari*
Tél. 210 36 40 560 Lun.-sam. 10h-21h (17h lun., mer., sam.)

De Toute Façon B3 16

Cette boutique de mode mixte sélectionne avec attention des pièces de stylistes grecs. Parant cravates, robes fluides et sacs, les imprimés sont à l'honneur et les couleurs au rendez-vous.
→ *Skoufa 48 Tél. 210 36 02 211*
Mar.-sam. 9h-21h
(16h mer. ; 18h sam.)

Yesterday's Bread B2 17

La mode vintage a son adresse. La tendance est aux années 1960-1970, mais on trouve aussi des vêtements plus récents : baskets, sacs, cuirs à prix attractifs.
→ *Kalidromiou 87-89*
Tél. 210 88 11 233
Sep.-juil. : lun.-sam. 11h30-15h

GALERIE D'ART

Galerie Astrolavos C4 18

Art et objets grecs et internationaux en séries limitées mais abordables : un espace d'expositions inattendu. À partir de 10€ le petit cadeau, de 160€ la lithographie.
→ *Xanthippou 11*
Tél. 210 72 94 342 Mar.-ven. 11h-15h, 18h-21h ; sam. 11h-15h

Nomismatiko Mouseio

Akadimia, Panepistimio, Ethniki Vivliothiki

Exarchia

Kolonaki

Megaro Mousikis

Lofos Lykavittou

euro, une collection or,
ze et argent. Charmant
dans le jardin et
erts jazz et musique
ique réputés.
nepistimiou 12
o 36 32 057 /
7 (pour les concerts)
un. 9h-16h ***Café*** *Tlj. 9h-0h*
vr.-oct. 6€, nov.-mars 3€

thniko
riko Mouseio A4
usée historique
nal offre une synthèse
istoire grecque, de
se de Constantinople
jours. Les collections
eaux, costumes, etc.)
disposées autour de
ressionnante salle de
en Parlement (1858).

À ne pas manquer : les superbes figures de proue des vaisseaux de la guerre d'Indépendance (1821-1829).
→ *Stadiou 13 Tél. 210 32 37 617 Mar.-dim. 9h-14h Tarif 3€*

★ Plateia Dexamenis C4
Bonheur simple et parfums d'orangers sur cette place nichée contre les flancs de la colline du Lycabette. Artistes et habitués se retrouvent au soleil sur cette esplanade en pente douce. Les soirs d'été, un cinéma à ciel ouvert ajoute un petit air de fête. À savoir, Dexamenis, édifiée sous Hadrien, fut l'une des premières citernes d'Athènes.

★ Kolonaki C4
Ce quartier élégant est le haut lieu du prêt-à-porter de luxe, des galeries d'art, des cafés chics où se côtoient, derrière leurs lunettes noires, intellectuels, hommes d'affaires et jeunesse dorée. Plus intime, le jardin à la petite colonne éponyme du quartier.

★ Megaro Mousikis F3
Le "palais de la Musique" d'Athènes abrite la plus grande salle de concerts de Grèce (classique, jazz, musique contemporaine). Un lieu multiculturel qui organise aussi de belles expositions temporaires sur la scénographie.
→ *Vassilissis Sofias / Kokkali Tél. 210 72 82 333*

Lofos Lykavittou D3
Panorama à 360° et chapelle blanche d'Agios Georgios (XIXe s.) au sommet de la colline du Lycabette (277 m de hauteur). Le regard se perd au-dessus de la ville, par-delà les montagnes de l'Attique, jusqu'au golfe Saronique. À la magie du lieu se mêle une légende : la colline serait née des foudres d'Athéna, qui dans sa colère laissa tomber le rocher qu'elle destinait à l'Acropole. Au coucher du soleil, tout s'embrase !
→ ***Funiculaire (teleferik)*** *Tlj. 9h-2h30 Tarif 7€ AR*

Archaiologiko Mouseio

Naftiko Mouseio

★ Planodia Agora Pirea D2
Le marché aux puces du Pirée : immense braderie d'articles de maison, de lingerie, de vêtements bon marché et autres trésors hétéroclites... Vente à la criée des camelots debout sur leurs stands autour desquels se presse une foule dense et bigarrée : un rituel dominical piréote à ne pas manquer !
→ *Pl. Ipodamias Dim. 8h-15h*

★ Agia Triada C2
Détruite pendant le bombardement allié du Pirée en 1944, l'église de la Sainte-Trinité a fait peau neuve en 1955, habillée de briques et de pierres à la mode byzantine. Tel un phare, elle se dresse comme le principal point de repère des marins arrivant au port. Aussi la grande horloge qui lui faisait face a-t-elle été démolie en 1968.
→ *Akti Miaouli / Possidonos*

★ Dimotiko Theatro D2
À côté d'une placette ombragée, le Théâtre municipal (1895), œuvre du Grec Yoannis Lazarimos : un petit bijou d'architecture néoclassique d'inspiration française ! Superbe façade à la blancheur éblouissante et colonnes corinthiennes délicatement ciselées. Dans les murs : le musée de la Scénographie Panos Aravantinos.
→ *Iroon Politechneiou 32 Tél. 210 41 43 310*

★ Pinakothiki Pireos C3
La Pinacothèque municipale du Pirée ouvre ses portes le temps d'expositions temporaires. Peinture, sculpture, souvent autour du thème de la mer.
→ *Filonos 29 Tél. 210 41 01 402 Mar.-ven. 8h-14h, 17h-20h ; w.-e. 10h-15h*

★ Agios Nikolaos B3
L'église Saint-Nicolas, patron des marins. Dôme bleu grec et façade néoclassique pour ce li[eu] de culte des Piréotes, édifiée en 1888 sur les plans de Lazarimos. Depuis toujours des mécènes, les magnats de la marine marchand[e] ont financé le sanctuai[re] d'où cette inspiration catholique puisée dans leurs voyages en Europ[e] occidentale que l'on reconnaît dans les fresc[ques].
→ *Pl. Ag. Nikolaou*

★ Archaiologiko Mouseio C4
Belle collection de statues, bas-reliefs, stèles funéraires, vases bijoux et autres antiqui[tés] retrouvés le long de la [...]

Planodia Agora Pirea

Agia Tr

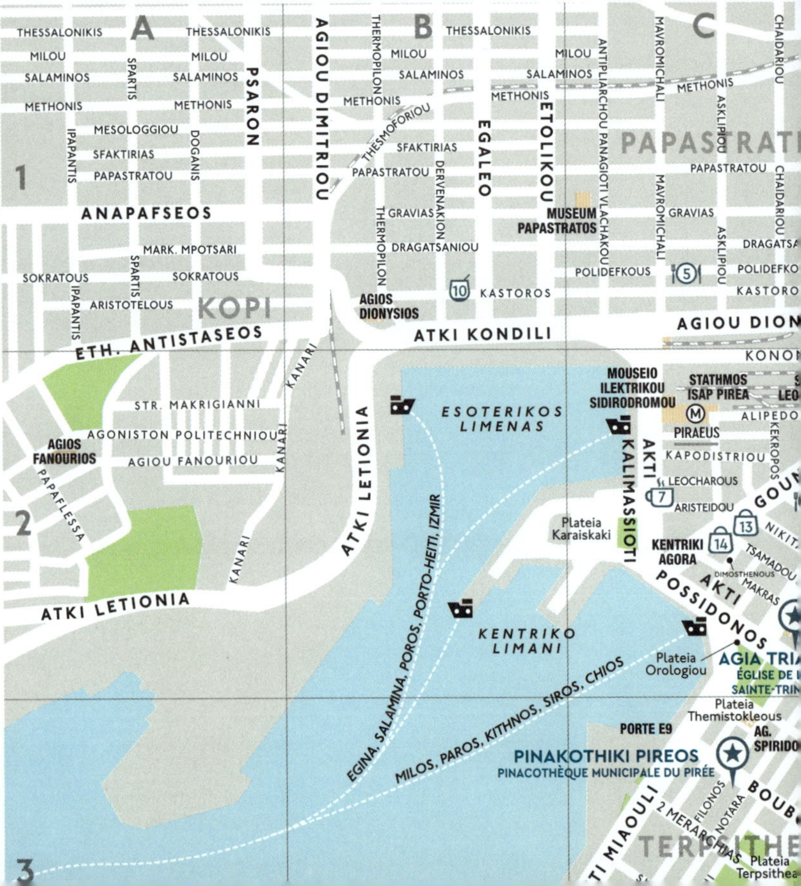

F

Pireas

Presqu'île ouverte sur la Méditerranée, prolongement maritime de la capitale, la ville du Pirée, autrefois éloignée du centre, ne fait plus qu'un avec Athènes. Port principal et centre de son activité économique depuis l'Antiquité, Le Pirée vit au rythme d'un incessant va-et-vient de voyageurs et de marchandises venus des quatre coins du monde. Ne pas se laisser happer par les vagues de béton, et suivre la douce brise marine et les effluves de poulpe grillé au fil des criques. Ici aussi des fragments antiques, comme ceux des Longs Murs de Thémistocle, édifiés au Ve s. av. J.-C. pour protéger la route de la mer à Athènes.

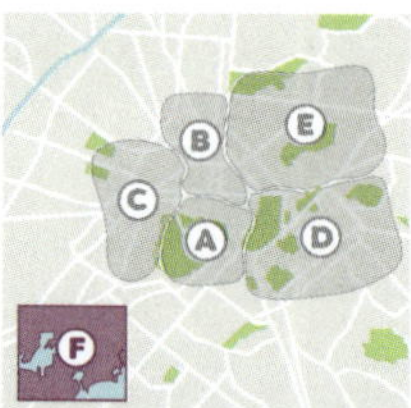

Yperokeanio

TAVERNES, OUZERI, MEZEDOPOLIA

Stoa Kouvelou C2 ①
Une magnifique arcade de 1890 restaurée. Tapis de carrelages colorés, verrière triangulaire en fer forgé sous laquelle se blottissent deux boutiques de broderie, un *kafeneion* et un *mezedopolio*. Grande variété de *mezes* et bouzouki le w.-e. Carte 15€.
→ Karaoli-Dimitriou 5
Tél. 210 41 78 470 Tlj. 12h-oh (2h ven.-sam. ; 18h dim.)

Margaro A4 ②
Devant le portail de l'École des Marins, une terrasse très appréciée aux beaux jours. En cuisine, deux grandes poêles à frire et au menu deux options : crevettes ou rougets. Et pourquoi pas les deux ? Carte 15-20€.
→ Chatzikiriakou 126
Tél. 210 45 14 226 Sep.-juil. : tlj. 12h-oh (17h30 dim.)

Yperokeanio A4 ③
Dans un cadre de *kafeneio* d'antan, des produits de la mer relevés d'un peu d'imagination, comme le calamar farci de fromage et d'épinards frais ! Carte 15-20€.
→ Marias Chatzikiriakou 48
Tél. 210 41 80 030
Tlj. 12h-oh

O Ilias A4 ④
Les gourmands par l'odeur alléchés se retrouvent tous chez Ilias : lotte, poulpes, calamars grillés, sardines farcies et salade d'oursins... Carte 20€.
→ Chatzikiriakou 104
Tél. 210 45 11 261
Sep.-juil. : mar.-dim. 13h-oh (18h dim.)

RESTAURANTS

Paleo Wine Bar C1 ⑤
Un bar à vin dans le décor minimaliste d'un entrepôt, où les bouteilles s'exposent comme des œuvres d'art ! Cépages et crus de Grèce et de Navarre aux goûts chaleureux et fruités servis sur des tables en bois. Le menu, succinct mais de qualité, est servi dans la ruelle quand le temps le permet. Carte 20€.
→ Polidefkous 39
Tél. 210 41 25 204
Lun.-sam. 18h30-23h30

Panorama E3 ⑥
Poissons et fruits de mer extra frais et vue panoramique sur tout le golfe Saronique depuis

Pisina

Loumidis

Epilekton

les hauteurs de Kastela. On se transmet de père en fils la recette d'une excellente soupe de poisson. Carte 35-40€.
→ *Irakliou 18-20*
Tél. 210 41 73 475
Tlj. 13h-22h30

CAFÉS

To Kafeneio tis Ikarias C2 7
L'un des plus vieux *kafeneion*, celui des habitants des îles d'Ikaria et de Fournoi. Les marins s'y retrouvent autour d'un café ou d'un ouzo pour parler mer et affaires. Fresques, néons et prix rares : café grec à 1€, frappé à 1,50€ !
→ *Akti Possidonos 24*
Tél. 210 41 30 090
Sep.-juil. : tlj. 8h-20h

Belle Amie D3 8
Le nom évoque la Belle Époque et l'édifice, datant de 1940, abrite l'une des plus belles rénovations du Pirée. On entre dans cette riche demeure bourgeoise pour boire un café, déjeuner ou dîner. La nuit, place aux liqueurs ou aux cocktails.
→ *Pl. Kanari*
Tél. 210 41 75 740
Tlj. 9h-2h

BARS, RÉBÉTIKO

Istioploïkos F4 9
Le rendez-vous de Mikrolimano, un bar en plein air aménagé comme un pont de bateau. Le jour, quiétude et brise marine, le soir, ciel étoilé et DJ aux platines.
→ *Akti Koumoundourou*
Tél. 210 41 34 084
Tlj. 9h-1h
***Restaurant** Tlj. 12h30-1h*

Pirée B1 10
Mobilier de brocante et grands lustres de cristal meublent ce bar "arty" sis dans un hangar. Lieu d'expositions temporaires, c'est un carrefour culturel : photo, théâtre, chant, etc. Ambiance feutrée ou survoltée selon les heures.
→ *Kastoros 78*
Tél. 210 40 82 700
Mar.-dim. 17h (11h w.-e.)-2h

Pisina C4 11
La Pisina ? Bien plus qu'une piscine ! Selon l'heure ou la saison, bar, restaurant, club et cheminée pour l'hiver. Un décor de goût et des clients soignés dans la marina des yachts du Pirée.
→ *Akti Themistokleous 25*
Tél. 210 45 11 324
Tlj. 9h-1h (2h ven.-sam.)

Anifori E3 12
Tout comme le rébétiko, Anifori est un enfant du Pirée. Après quelques verres de vin, on se laisse gagner par les rythmes lancinants de ces chansons qui parlent d'exil et d'amours perdues.
→ *Vass. Georgiou 47*
Tél. 210 41 15 819
Ven.-sam. 22h30-4h

SHOPPING

Mandragoras C2 13
Épices, racines et plantes aux vertus curatives d'un côté, légumes secs, fruits confits et fromages de l'autre. Superbe épicerie.
→ *Gounari 14*
Tél. 210 41 72 961
Lun.-sam. 7h30-16h30
(20h30 mar., jeu.-ven.)

Loumidis C2 14
Le perroquet de Loumidis est aussi célèbre que son café. Les parfums de ce magasin rétro-chic chatouillent les narines avant les papilles. On y choisit sa mouture, son arôme, sa distillation… et quelques douceurs.
→ *Gounari 10-12 / Tsamadou Tél. 210 41 75 822*
Lun.-sam. 8h-20h
(17h lun., mer. ; 16h sam.)

Madras D2 15
Thés et herbes sauvages : des saveurs à infuser venues des îles grecques, d'Épire, d'Inde et de Chine. Sélectionnées avec soin et garanties sans pesticides, plus de 400 variétés de ces thés sont arrivés à bon port, au Pirée !
→ *Notara 21*
Tél. 210 41 18 067
Lun.-sam. 7h-20h
(16h lun., mer. ; 15h sam.)

Antikes D2 16
Une brocante spécialisée dans la marine. Maquettes en bois, gouvernails, baromètres…
→ *Omiridou Skulitsi 6 / Filonos Tél. 210 41 73 378*
Tlj. 10h-19h (15h sam.-lun.)

Epilekton D2 17
Des porte-bonheur, des "trésors" aux provenances multiples et des cadeaux avec des histoires à raconter, comme le dit Poli, la maîtresse du lieu.
→ *Karaïskou 111*
Tél. 210 41 75 498 Lun., mer., sam. 9h-15h ; mar., jeu.-ven. 9h-14h, 17h30-21h

Le Vôtre Pirée D3 18
Ce chocolatier opère des associations de goûts surprenantes, telles les bouchées au sel noir de Santorin, au poivre rose et même à l'origan !
→ *Kountouriotou 166*
Tél. 210 41 22 577 Tlj. 8h-22h

Dimotiko Theatro

Pinakothiki Pireos

Agios Nikolaos

Marina Zea

Kastela

Mikrolimano

ttique dans
ısée archéologique
é le long des vestiges
éâtre de Zéa
av. J.-C.). Sa fierté,
e splendides statues
onze découvertes en
dans le port du Pirée :
s ancien kouros
llon connu (520 av.
deux Artémis du
ı du IVe s. av. J.-C.)
e splendide Athéna
e d'un casque
ier (4e s. av. J.-C.).
rilaou Trikoupi 31
0 45 21 598
un. 8h30-15h30 Tarif 4€
aftiko Mouseio C4
le jardin du Musée
, un ancien sous-marin et une ancre géante en guise d'introduction. Histoire de la marine grecque de l'Antiquité à nos jours relatée autour d'un fragment des Longs Murs de Thémistocle (ve s. av. J.-C.). Manuscrits, cartes et maquettes racontent la fabuleuse épopée de la Grèce antique et les grandes batailles navales du XIXe s. qui ont libéré la Grèce.
→ Akti Themistokleous / Freatidos Tél. 210 45 16 264 Mar.-sam. 9h-14h Tarif 4€

★ Marina Zea D4
L'ancien grand port de trières (navires de guerre) de l'Antiquité, devenu un agréable port de plaisance entouré de cafés élégants, très animés dès le soir venu. Dans une anse presque fermée, les yachts luxueux s'entrechoquent avec les barques des pêcheurs qui s'emploient, imperturbables, à démêler leurs filets.

★ Kastela E3
Ancien site d'une acropole et d'un sanctuaire d'Artémis, une colline avec vue sur les ports et le golfe Saronique. Délicieuse flânerie méditerranéenne le long des ruelles en pente raide, entre maisons néoclassiques et terrasses aux tons pastel. Tout en haut, une collection de tavernes pour récompenser l'effort !

★ Mikrolimano F4
Dans cet adorable petit port en forme de croissant, se balancent une myriade d'embarcations colorées de toutes sortes. Le charme et la quiétude de Mikrolimano (aussi baptisé Turkolimano, le "port turc") lui valent un grand succès... touristique ! Pour preuve, l'enfilade de bars et de restaurants de poisson et de fruits de mer, le long des quais.

Sur les pas des Grecs anciens

3 h

3 km

Arpenter les chemins que les Grecs anciens foulaient chaque jour : à Athènes, presque rien n'a changé sous le soleil...

Du Theatro Dionissiou à Pnika

Départ sur Dionissiou Areopagitou, large avenue piétonne frangée d'oliviers et de lauriers, devant le Mouseio Akropolis. Il fait face au **Theatro Dionysiou** et à l'**Odeio** d'Hérode Atticus, sénateur romain, philosophe et mécène. Construits en arc de cercle, ces théâtres offrent toujours une merveilleuse acoustique. On les voit très bien du haut de l'Acropole.

L'**Akropoli** est consacrée à Athéna, déesse de la sagesse et du savoir, qui l'emporta sur Poséidon pour la possession de la cité. D'un coup de trident, il aurait fait jaillir du rocher de l'Acropole de l'eau, mais le peuple lui préféra Athéna qui avait planté un olivier, arbre nourricier et symbole de paix.

Après la visite, grimpez la colline de Filopappou jusqu'à **Pnika** et son panorama sensationnel sur l'Acropole. C'est dans cet amphithéâtre naturel que se rassemblait le peuple pour délibérer des questions importantes de la ville.

De Pnika à la Romaïki Agora

Descendez ensuite la colline jusqu'à l'**Archaia Agora**, l'Agora antique. Construite au VIᵉ s. av. J.-C., elle fut pendant quatre siècles au cœur de la vie du citoyen, qui y trouvait étals de marchands mais aussi bâtiments publics et sacrés. Ainsi, 500 sénateurs siégeaient au Bouleutêrion tandis que la Stoa Attalou regroupait les boutiques. En hauteur, dominant l'activité des mortels : le temple d'Ephaïstos, remarquablement conservé.

De là, halte de rigueur chez **Vryssaki** (Vrisakiou 17 Tél. 210 32 10 179 Tlj. 11h-19h) : même pour une pause rafraîchissante, impossible de perdre l'Acropole de vue sur la terrasse de ce charmant café. Pour finir, autre bond dans le temps à la **Romaïki Agora**, l'Agora romaine. Dallée de marbre, cette vaste esplanade aménagée entre 19 et 11 av. J.-C. était ceinte de portiques abritant des boutiques et accueillait un marché. Avec un peu d'imagination, on s'y croirait presque...

Pireos
Sofokleous
Athinas
Eolou
Ermou
THISEIO
Adrianou
MONASTIRAKI
Ifestou
Mitropoleos
Pandrossou
Temple d'Éphaïstos
Stoa Attalou
Vrisakiou
Areos
VRYSSAKI
Archaia Agora
Romaïki Agora
Mnisikleous
MARINA
Apostolou Pavlou
ARIOS PAGOS
Pritaniou
Theorias
Tripodon
Pnika
Akropoli
Odeio Irodou Attikou
Theatro Dionissiou
Dionissiou Areopagitou
Rovertou Galli
Vironos
FILOPAPPOU
Kalisperi
AKROPOLI
150 m
N

Street Art et jeune création

3 h

3 km

Athènes n'a rien à envier à Berlin en matière de street art et de petits créateurs ! Des œuvres éphémères côtoient des sites millénaires, dans une explosion de styles et de formes.

Dans Psirri

Commencez par un brin de shopping chez **Remember Fashion**, temple du vintage chic et pas cher d'où vous ressortirez métamorphosé ! Non loin, la rue Pittaki se change en galerie à ciel ouvert, où jaillissent puis disparaissent des expositions éphémères suspendues à des câbles entre les bâtiments. C'est ici que se niche **Limba, Rage Room** (Pittaki 6 Tél. 69 81 37 33 51 Mer.-dim. 17h-21h), un lieu hors du commun. Vous pourrez en effet y acheter quelques objets promis à la décharge

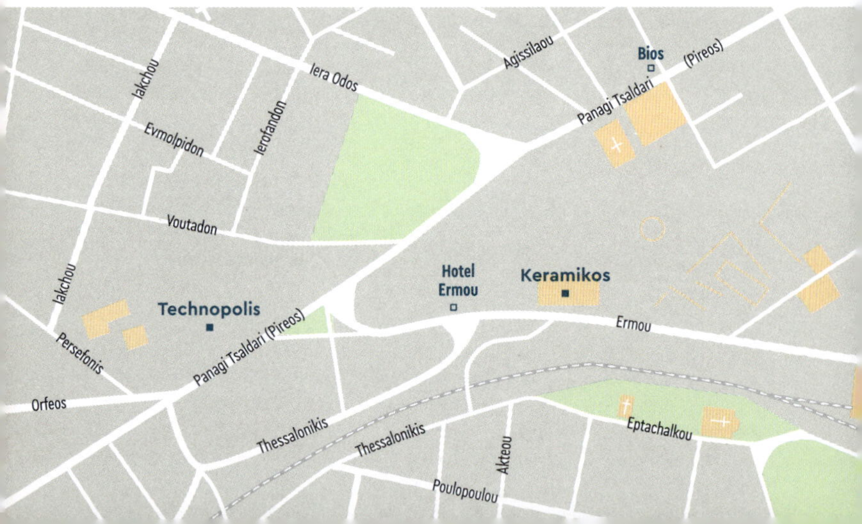

(par exemple 20 bouteilles pour 10€) et les lancer ensuite contre les murs pour vous défouler ! Continuez la balade dans Psirri, quartier de prédilection des artistes urbains. Les petites rues piétonnes se prêtent à cet exercice et l'on peut approcher les peintures. Le soir venu, les rideaux métalliques des magasins dévoilent leurs graffitis. Pas un cm^2 n'échappe à la bombe ! Sur la **Plateia Iroon**, une immense fresque d'Alexandros Vasmoulakis recouvre tout un pan d'immeuble, figurant trois femmes rieuses peintes dans des tons pâles. En face, une fresque signée Carpe Diem représente une fleur habitée. Après un passage par les rues Louka et Nika, supports de grands tableaux aux couleurs flamboyantes, cap sur la station de métro **Thiseio**, aux murs couverts de graffitis sans cesse renouvelés.

De Thiseio à Bios

La tête et les yeux en mouvement pour saisir les œuvres là où elles apparaissent, suivez la rue Ermou jusqu'à l'entrée du site archéologique du **Keramikos**. À gauche de l'entrée se dresse une fresque magnifique du Minotaure sur fond noir, signée Nikos Tsounakas en 2016. Continuez à descendre la rue Ermou et repérez, à droite, une allégorie du monde moderne avec une grande et haute fresque bleu ciel représentant un homme attendant le métro. Les murs de la salle de spectacle **Hotel Ermou** (au n° 152 de la rue) sont aussi décorés. Cheminez ainsi jusqu'à l'avenue Pireos, qui longe **Technopolis**, une usine de gaz devenue centre culturel (elle permit à Athènes de s'éclairer pendant 130 ans). De l'autre côté de l'avenue, au coin de la rue Ermou, sur le bâtiment de l'ancienne remise des voitures à cheval d'Athènes, s'étend une fresque de plus de 100 m, version libre de la Cène. Accordez-vous ensuite une pause bien méritée chez **Bios** (Pireos 84 Tél. 210 34 25 335), un café alternatif niché dans un bâtiment de style Bauhaus. Après y avoir vu une expo et bu un verre sur son rooftop, empruntez la rue Agion Assomaton – dont les fouilles archéologiques sont cernées de murs graffés – jusqu'à la rue Tournavitou et sa farandole d'œuvres colorées. La boucle est bouclée !

D'une colline à l'autre

4 h

3,5 km

Dans cette ville trépidante, les parcs et les jardins, souvent méconnus, sont des havres de paix et de fraîcheur !

D'Arios Pagos au Zappeion

Arios Pagos Située juste en face de l'Acropole, cette petite colline est souvent prise d'assaut, car elle offre une vue imprenable sur le Parthénon et l'Agora antique. Sur les pierres lisses, entourées de cyprès et d'oliviers, le cadre est idéal pour une belle photo.

Stiles Olympiou Dios Quinze colonnes ont résisté au temps - mais on sait que ce temple dédié à Zeus en comptait 104 ! Majestueux, il fut achevé sous le règne de l'empereur romain Hadrien.

Zappeion Derrière une grande fontaine apparaît le magnifique patio en rotonde du bâtiment néoclassique aux colonnades et couleurs vives. Il porte le nom du bienfaiteur Evangelis Zappas, qui essaya au XIXe s. de faire renaître les Jeux olympiques. C'est Pierre de Coubertin qui réussira en 1894. Zappas demanda dans son testament à son cousin Konstantinos de construire ce palais dans un jardin qui serait ouvert à tous les Grecs. Une pause au café Aegli Zappiou (**D** B2), dans l'enceinte du parc, est un moment délicieux.

Du Zappeion au Lofos Lykavittou

Ethnikos Kipos Le Jardin national : on se perd volontiers dans ce petit labyrinthe, on déambule entre les bosquets, profitant de l'air frais et des bancs. Vous y serez surpris par des expositions en plein air, des vestiges archéologiques, toujours des chats et souvent des amoureux. En continuant vers le nord, rejoignez l'étang principal et sortez à droite de la Vouli, le Parlement.

Lofos Lykavittou On dénombre sur la colline plus de 500 espèces d'arbres et de plantes. Cyprès, oliviers, eucalyptus, romarin, lauriers-roses, amandiers et chênes abondent, quoique plantés tardivement : jusqu'au XIXe s. le mont était pelé ! Bientôt surgit le théâtre en plein air du Lycabette, édifié dans les années 1960 sur une ancienne carrière. Suivez ensuite le chemin qui conduit au sommet. En haut : panorama à 360° et vue sur le golfe Saronique et la blanche Athènes, où vous redécouvrirez l'Acropole et tous les lieux que vous viendrez de traverser. La chapelle d'Agios Georgios, du XIXe s., côtoie un café-restaurant.

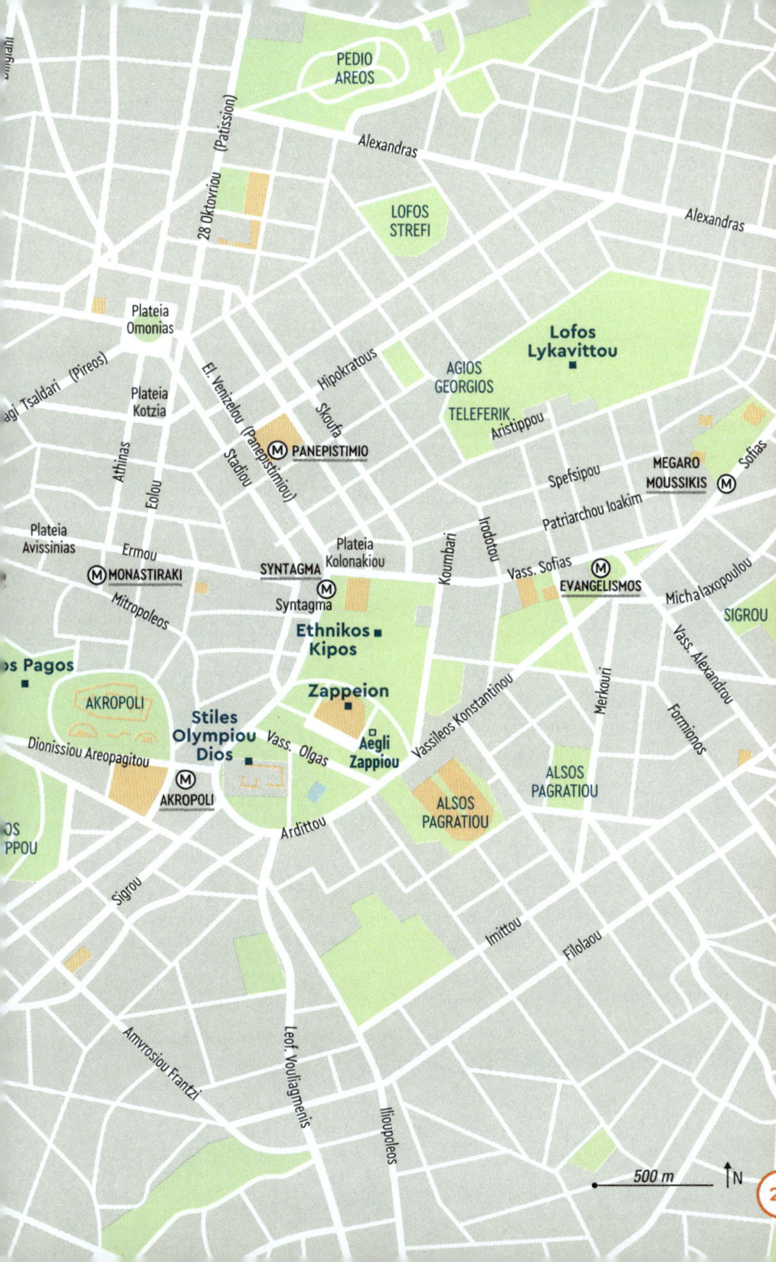

PEDIO AREOS
28 Oktovriou (Patission)
Alexandras
LOFOS STREFI
Alexandras
Plateia Omonias
Lofos Lykavittou
(Pireos)
agi Tsaldari
Hipokratous
AGIOS GEORGIOS
Plateia Kotzia
El. Venizelou (Panepistimiou)
Skoufa
TELEFERIK
Aristippou
PANEPISTIMIO
Athinas
Stadiou
Eolou
MEGARO MOUSSIKIS
Sofias
Spefsipou
Patriarchou Ioakim
Irodotou
Plateia Avissinias
Ermou
Plateia Kolonakiou
Koumbari
Vass. Sofias
MONASTIRAKI
SYNTAGMA
EVANGELISMOS
Michalaxopoulou
Syntagma
Mitropoleos
SIGROU
Ethnikos Kipos
os Pagos
Vass. Alexandrou
AKROPOLI
Zappeion
Vassileos Konstantinou
Merkouri
Stiles Olympiou Dios
Formionos
Dionissiou Areopagitou
Vass. Olgas
Aegli Zappiou
ALSOS PAGRATIOU
ALSOS PAGRATIOU
AKROPOLI
OS
PPOU
Ardittou
Sigrou
Imittou
Filolaou
Amvrosiou Frantzi
Leof. Vouliagmenis
Ilioupoleos
500 m
N

ENVIRONS

Kentro Politismou Idrima Niarchos .... 30 min

Nature et culture se donnent rendez-vous dans ce parc émaillé de quelque 1 500 arbres, où trône le Centre culturel de la fondation Stavros Niarchos (SNFCC). Dessiné par Renzo Piano, ce bâtiment lumineux (2016) loge la Bibliothèque nationale, la Scène lyrique, des salles d'exposition...

→ À 7 km au sud Sigrou 364, Kallithea En navette SNFCC gratuite ou bus 2 au départ de Syntagma Arrêt Onasseio puis 10 min de marche Tél. 216 80 91 000 Tlj. 9h-22h www.snfcc.org

Moni Dafniou .... 30 min

Perle de l'architecture byzantine, inscrit au patrimoine mondial par l'Unesco, le monastère (XIe s.) s'élève à l'emplacement d'un temple dédié à Apollon, en pleine nature. Coiffée d'un dôme, son église recèle de splendides mosaïques à fond d'or.

→ À 16 km à l'ouest En bus 866 au départ de l'arrêt de métro Aghia Marina (ligne 3) Arrêt Moni Dafniou Tél. 210 58 11 558 En cours de restauration Vérifier les horaires à l'office de tourisme Entrée libre

Moni Kaisarianis 40min

Sur les flancs du mont Imitou, un monastère byzantin des XIe et XIIe s. niché entre les arbres. Très bien conservé, il abrite des fresques du XVIIe s. signées Ioannis Ypatos.

→ À 8 km à l'est En bus 224 au départ de Syntagma Arrêt Kaisarianis puis 20 min de marche Tél. 210 72 36 619 Tlj. 8h30-15h Tarif 2€

Ethnikos Drymos Parnitha

Mouseio Vorres .... 40 min

Au milieu d'un vaste jardin méditerranéen, un musée créé par le collectionneur Ioannis Vorres. Son ambition : promouvoir la culture grecque en mêlant art contemporain et art populaire.

⟶ À 21 km à l'est En voiture direction Paiana Tél. 210 66 42 520 Sep.-juil. : w.-e. 10h-14h www.vorresmuseum.gr Tarif 5€

Limni Vouliagmeni ..... 50 min

On plonge dans les eaux douces, chaudes (22–29 °C) et curatives de ce lac situé à quelques mètres de la mer. Des eaux de jouvence qui sourdent des flancs du mont Imitou par des réseaux souterrains !

⟶ À 22 km au sud En bus 122 au départ de Elliniko (terminus ligne 2) Arrêt Limni Vouliagmeni Tél. 210 89 62 237 Tlj. 8h-17h30 www.limnivouliagmenis.gr Tarif 12€/pers. en semaine 15€/pers. le week-end

Ethnikos Drymos Parnitha 1h10

Dans le parc national de Parnitha, culminant à 1 413 m d'altitude : sapins, neige en hiver et l'unique population de cerfs en Grèce profitant d'une vue imprenable sur la capitale ! Ravagée par le feu en 2007, la forêt reprend peu à peu forces et couleurs.

⟶ À 30 km au nord En voiture direction Acharnes Tél. 210 24 45 226

Vravronas 1h30

Ruines perdues au milieu des collines, le sanctuaire d'Artémis, divinité de la nature protectrice des femmes en couches et des enfants, date des VIe et Ve s. av. J.-C. En contrebas de la chapelle Saint-Georges, les soubassements du temple. Le modeste Musée archéologique, à 1,5 km du site, présente des offrandes et de charmantes statuettes d'enfants.

⟶ À 43 km à l'est En bus 304 au départ de la station Nomismatokopeio (ligne 3) Arrêt Artemis puis 10 min de marche Tél. 229 90 27 020 Mer.-lun. 8h30-16h Tarif 6€

Egina 1h30

En face du Pirée, on se sent déjà loin sur l'île d'Égine, couverte de pistachiers. À voir : les ruelles du village principal, les tavernes au bord de l'eau de Perdika, le temple d'Aphaïa (Ve s.) et le monastère d'Agios Nektarios (XXe s.), massif et un peu kitsch.

⟶ En ferry au départ du Pirée (35 min de trajet en hydroglisseur)

Egina

CARNET PRATIQUE

ATTENTION

L'activité est très ralentie lors des jours fériés, notamment à Pâques, du ven. au lun. saint, et également en août, notamment autour du 15 : de nombreux établissements ferment pour les vacances.

INFOS

Office national hellénique de tourisme (EOT)
→ Dionissiou Areopagitou 18-20 (**D** A2)
Tél. 210 33 10 392
Tlj. 8h-20h (18h w.-e.)

ATHÈNES EN LIGNE

Site de l'office national de tourisme (en anglais) :
→ www.visitgreece.gr
Agenda culturel :
→ www.thisisathens.org/fr

ARGENT

CARTE DE CRÉDIT

Acceptée presque partout, sauf dans quelques petits restaurants et pensions.

POURBOIRE

Restaurants : le service de 10 % est compris dans la note.
Taxis : arrondir la somme.

FORMALITÉS

Les citoyens de l'Union européenne peuvent entrer en Grèce avec une simple carte d'identité ou un passeport en cours de validité.

TÉLÉPHONE

France / Athènes
→ 00 + 30 (indicatif Grèce) + n° à 10 chiffres

Athènes / France
→ 00 + 33 (indicatif France) + n° de tél. sans le 0 initial

À Athènes
→ Fixe 210 (indicatif de la ville) + numéro à 7 chiffres
→ Portable 69 + numéro à 8 chiffres

Pompiers
→ Tél. 199

Police
→ Tél. 100, 171 (touristique)

Urgences
→ Tél. 166, 112 (n° européen)

Renseignements
→ Tél. 118 80 / 118 88

JOURS FÉRIÉS

1er jan., 6 jan., 25 mars, Ven. saint-lun. de Pâques orthodoxe, 1er mai, Pentecôte orthodoxe, 15 août, 28 oct., 25-26 déc.

BUDGET

Coût de la vie aligné sur celui des grandes capitales européennes.

HÉBERGEMENT

Une chambre double dans le centre : 80€

RESTAURANTS

Un repas complet : entre 10 et 15€ dans une taverne. Les tarifs à la carte indiqués dans ce guide comprennent une entrée et un plat. Les desserts sont souvent offerts par le restaurateur.

SORTIES

Un café : 2-4€
Une bière (50 cl) : 3-5€
Un cocktail : 8-10€
Entrée des rébétiko souvent gratuite, mais boissons chères.

VISITES

Une entrée dans un site ou un musée : 2-12€.

ORIENTATION

Toutes les indications toponymiques sont écrites en grec et en caractères latins, mais attention, les transcriptions latines varient. À la suite des changements de gouvernement, les rues portent souvent plusieurs noms.

QUAND PARTIR ?
Athènes est idéale en mai, juin, sep. et oct. Il y fait beau et pas trop chaud. De nov. à mars le temps est souvent pluvieux mais doux. Les mois de juil. et août peuvent être caniculaires, on se réfugie alors dans les beaux musées climatisés et les jardins !

MÉTÉO

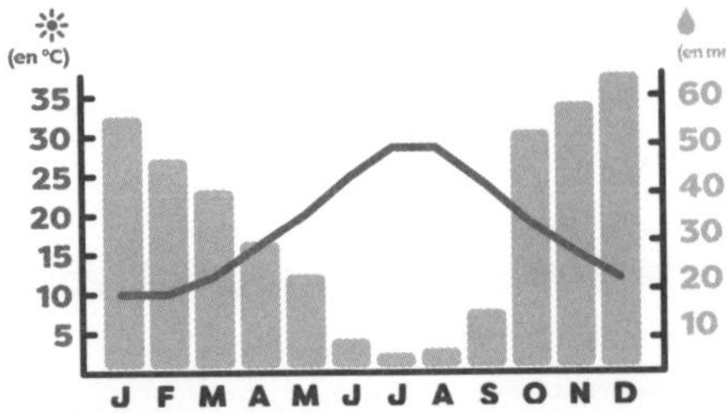

HORAIRES

DÉCALAGE HORAIRE
Une heure de décalage entre Paris et Athènes : quand il est 13h à Paris, il est 14h à Athènes.

REPAS
Petit déjeuner : toute la matinée.
Déjeuner : 13h30–15h.
Dîner : 21h-23h.
La plupart des tavernes sont ouvertes non-stop.

SORTIES
Les soirées athéniennes ne commencent pas avant 23h et se prolongent jusqu'au bout de la nuit.

MUSÉES
En général, fermés lun. et j. fér.

POSTES
Lun.-ven. 7h30–14h

BOUTIQUES
En général, lun., mer., sam. 9h-15h30 ; mar., jeu.-ven. 9h-14h30, 17h30–21h
Supermarchés Lun.-ven. 8h-20h, sam. 8h-18h

VISITES

RÉSERVATIONS
Les réservations ne sont la plupart du temps pas indispensables mais il est préférable d'acheter des billets coupe-file pour les monuments de l'Acropole afin d'éviter les longues files d'attente.
⟶ etickets.tap.gr

RÉDUCTIONS ET GRATUITÉ
Sites archéologiques : gratuits pour les étudiants en art, histoire et archéologie, tarifs réduits pour les autres. Musées publics : gratuits pour les étudiants européens et le dim. en hiver.

BILLETS COMBINÉS
- Billet Acropole : Akropoli + Theatro Dionissiou, Odeio Irodou Attikou, Keramikos, Archaia et Romaïki Agora, Vivliothiki Adrianou
⟶ 30€, valable 5 jours, achat sur etickets.tap.gr ou aux guichets des sites
- Archaiologiko Mouseio + Nomismatiko Mouseio + Vyzantino Mouseio
⟶ 15€

VISITES GUIDÉES
Présence de nombreux guides sur les sites archéologiques et dans les musées.

ÉLECTRICITÉ

Les prises sont les mêmes qu'en France, il n'y a pas besoin d'adaptateur !

ARRIVER

AÉROPORT

Eleftherios Venizelos
L'aéroport se trouve à 35 km à l'est d'Athènes.
⟶ Tél. 210 35 30 000 www.airport-athens.com

Liaisons centre-ville
• Métro | 35 min | 8€ ou 14€ pour 2 pers. Ligne 3 vers Syntagma (**D** A1).
⟶ Tlj. 6h30-23h30
• Bus | 1h30 | 6€
X95 : vers Syntagma
X96 : vers Le Pirée
X97 : vers Elliniko
⟶ 24h/24 Ticket valide 24h après validation dans le métro, le bus et le trolley
• Taxi | 1h | 38€ en journée
⟶ Tél. 210 523 95 24

SE DÉPLACER

TRANSPORTS EN COMMUN

Métro
3 lignes.
⟶ Tél. 214 41 46 400 www.stasy.gr Tlj. 5h30-23h30/2h Ticket 1,20€ pour 90 min

Bus et trolley
Desservent toute la ville.
⟶ Tlj. 5h-0h Ticket 1,20€
• **Forfaits bus et métro**
Vente dans les kiosques et dans le métro.
⟶ Ticket 4,10€ pour 24h, 8,20€ pour 5j.

Tramway
Deux lignes : la n° 1 relie le centre-ville à la mer, la n° 2 longe la côte au sud du Pirée.
⟶ Ticket 1,20€

Pass touristique
Accès à tous les transports en commun et un A/R centre-aéroport.
⟶ Tarif 20€, valable 3 j.

TAXIS

L'un des moyens de transport les plus populaires à Athènes : rapide et peu onéreux. 3,20€ : le tarif minimum pour une course en ville. Majoration de 50 % la nuit (0h-5h) et pendant les fêtes. Les taxis sont jaunes. Ils peuvent prendre plusieurs passagers vers une même direction : ne pas hésiter à les héler lorsqu'ils sont occupés.

Radio-taxis
• Athina 1
⟶ Tél. 210 92 43 051
• Ikaros
⟶ Tél. 210 51 52 800
• Kosmos
⟶ Tél. 18 300 / 210 411 83 00

VOITURE

Vitesse
En ville : 50 km/h
Hors agglomération : 90 km/h
Autoroute : 120 km/h

Location de voiture
Plusieurs loueurs à l'aéroport et au début de l'avenue Siggrou (**A** D4-E3).

Location moto / scooter
Assez dangereux : circulation intense.
• **Motorent**
⟶ Kavalloti 4 (**A** C3)
Tél. 210 92 34 939 / 210 92 20 879

Pollution
En raison de la pollution atmosphérique, circulation alternée, pair-impair en fonction du jour, dans le centre-ville.

BATEAUX

Du Pirée
Départ de la plupart des ferries et hydroglisseurs vers la Crète, les Cyclades, les îles du golfe Saronique, etc.
• **Capitainerie du Pirée**
Renseignements en anglais, à 2 jours. Sinon, contacter les agences maritimes.
→ **Tél. 210 42 26 000 / 14 944**
www.aferry.com

De Lavrio
Vers Kea et Kythnos.
→ **Au sud-est d'Athènes www.ferries.gr**
Tél. 281 034 61 85

De Rafina
Traversées vers Tinos et Mykonos.
→ **À l'est d'Athènes**
www.ferries.gr Tél. 281 034 61 85

TRAINS

Proastiako
RER qui relie Athènes, l'aéroport, le Pirée et Corinthe.

Gare ferroviaire
• **Stathmos Larisis**
→ **Theodorou Diligiani** (**B** A1)
M° Larissa Tél. 14 511

CARS

Terminal A
Vers l'ouest du pays : le Péloponnèse, les îles Ioniennes, etc.
→ **Kifissou 100 (7 km au nord-ouest d'Omonia)**
Tél. 210 51 24 910

Terminal B
Vers la Grèce centrale : Delphes, Trikala, etc.
→ **Liossion 260 (5 km au nord d'Omonia)**
Tél. 210 83 17 163

BUS ORANGE

Bus interurbains vers l'Attique (Rafina, Sounio, Lavrio, etc.)
→ **Patision 68 / Kotsika 2** (**E** A1)
Tél. 210 88 08 000

SUR PLACE

SE RESTAURER

Usages
Petit déjeuner : très léger, un café éventuellement accompagné d'une viennoiserie.
Déjeuner : copieux
Dîner : à base de *mezes* (tapas grecques), de mets de viandes et de poissons.
Au restaurant comme à la maison, plats disposés au centre de la table pour un partage convivial. Couvert souvent payant, entre 1 et 3€.

Types d'établissements
Estiatorio : restaurant classique souvent chic. Cuisine grecque et internationale.
Taverna : restaurant populaire et bon marché. De plus en plus de tavernes modernes revisitent les plats traditionnels.
Ouzeri : on y sert de l'ouzo (anisette grecque) accompagné de petits *mezes*.
Mezedopolio : établissement en général ouvert de midi à tard dans la nuit pour déguster des *mezes*, avec de l'ouzo ou du tsipouro (alcool de raisin).
Souvlatzidiko : pour manger sur le pouce des *gyros*, viande grillée servie dans un pain pita, et des *souvlakis*, délicieuses brochettes de porc ou de poulet.
Kafeneion : surtout fréquenté par les hommes. On y boit un café une fois le marc déposé, l'*elleniko*.
Zacharoplasteio / Galaktopoleio : pâtisseries préparant des douceurs à base de lait et de miel.
Artopoleio ou fournos : boulangerie où l'on trouve *tiropites* et *spanakopites*, feuilletés au fromage et aux épinards.

Spécialités
Biftekia : viande hachée aux épices
Choriatiki : salade grecque
Garides : grosses crevettes
Ellenikos kafes : café préparé dans un *briki*, casserole miniature. Dosé en fonction de la quantité de sucre souhaitée.
Horta : salade d'herbes cuites (pissenlit, etc.)
Oktapodi : poulpe
Païdakia : côtelettes d'agneau au kilo
Souzoukakia : boulettes de viandes parfumées

SORTIES

Programmes

• Athens Voice, Lifo
Sites et hebdomadaires gratuits en grec et en anglais. Programme culturel orienté jeunes.
⟶ www.athensvoice.gr ; www.lifo.gr

Concerts, spectacles

• Le rébétiko
Musique de résistance qui s'est développée à l'arrivée des réfugiés grecs d'Asie Mineure (1922). Complaintes marginales des classes populaires défavorisées, voix rauques et bouzouki : aujourd'hui sorti de sa clandestinité, le rébétiko se mêle aux chansons plus légères des années 1950-1960 (laïka).
• Son et lumière sur l'Acropole
À voir de Pnika (**A** A2).
⟶ Avr.-oct. : tlj. 21h
• Bios
Centre culturel alternatif dans un bâtiment postindustriel. Photographies, vidéos, concerts, projections de films expérimentaux et bar.
⟶ Pireos 84 (**C** B4)
Tél. 210 34 25 335 wwwpireos84.bios.gr
• Bios Romantzo
Une ancienne imprimerie reconvertie en un lieu de rencontres culturelles et festives. Pour boire un verre, danser, voir un concert ou un film en VO.
⟶ Anaxagora 3-5 (**B** B4)
Tél. 216 70 03 325 www.romantso.gr
• Ydrima Onassis
La fondation Onassis présente concerts, théâtre et cinéma.
⟶ Sigrou 107 (hors plan **D** E4)
Tél. 210 90 05 800 www.onassis.gr et www.sgt.gr
• Ethniki Liriki Skini
Opéras et opérettes, ballets et concerts de musique classique.
⟶ Kentro Politismou Niarchos 364 (hors plan **F** F4) www.nationalopera.gr

Cinémas d'été

Au printemps, ouverture des cinémas en plein air. Films en VO sous-titrés en grec.
• Cinéma Zefyros
⟶ Troon 36 / Kidandidon (**C** B6)
• Cinéma Dexameni
⟶ Pl. Dexamenis (**E** C4)
• Cinéma Aigli
⟶ Zappeion (**D** B2)

MARCHÉS

• Marché aux puces
Antiquaires et brocanteurs.
⟶ Pl. Avissinias (**B** B6) Dim. 6h-14h
• Kentriki Agora
Halles aux viandes et aux poissons du marché central.
⟶ Athinas (**B** C4)
• Ipodammeia Agora Pirea
Puces, brocante.
⟶ Pl. Ipodammeias (**F** D2)

HÉBERGEMENT

AUBERGES DE JEUNESSE

Athens International Youth Hostel (**B** B2)
L'unique auberge de jeunesse affiliée à la fédération internationale. Douze chambres doubles, 32 dortoirs de 4 à 5 personnes au confort spartiate mais à des prix imbattables. Bibliothèque en français, Internet, laverie et cuisine en libre-service. Dortoir 11-13€/pers. Double 28-32€.

→ Viktoros Ougko 16
Tél. 210 52 32 540 www.athensinternational.com

Student and Travellers Inn (**A** E2)
Au cœur de l'animation de Plaka, 40 chambres jaune et bleu avec parquet autour d'une agréable cour sous les arbres. Internet.
Petit déj. 3€. Dortoir 12-14€/pers. Double 38 (sans sdb)-50€.
→ Kidathineon 16 Tél. 210 32 44 808
www.studenttravellersinn.com

HÔTELS

Anita & Argo (**F** C3)
Au Pirée, situation très pratique pour les départs vers les îles. Deux hôtels au confort standard, des chambres claires et un accueil agréable. Le petit déj. est à 8€. Compter de 35 à 48€, la double selon la saison.
→ Notara 23-25 Pireas Tél. 210 41 21 795
www.hotelargoanita.com

Hotel Orion-Dryades (**E** B2)
Perché sur la colline de Strefi, deux hôtels en un. 30 chambres rénovées, une salle commune sur la terrasse pour paresser devant une vue splendide. Petit déj. 7€. Chambre double, sans vue 35-50€, avec vue 43-80€.
→ Em. Benaki 105 / Driadon 4
Tél. 210 33 02 388 www.orion-dryades.com

Marble House (hors plan **C** D6)
Au sud de Filopappou, une adorable pension au fond d'une impasse calme à l'ambiance village. 16 petites chambres propres avec balconnet, clim. et mobilier neuf. Et aussi, à deux pas, un appartement de 42 m² (80-120€ pour 4 pers.). Quelques tables sur le patio pour profiter du soleil sous un bougainvillier. Petit déj. 5€. 40 (sans sdb)-49€.
→ Zinni 35 Tél. 210 92 34 058
www.marblehouse.gr

City Circus Hôtel (**B** B5)
Au cœur de Psirri, dans un joli bâtiment néoclassique, 19 chambres qui se déclinent de la double au dortoir de 4,6 à 8 lits, mixtes ou féminins. Dortoir 18-34€/pers. Double 48-130€. Petit déj. possible
→ Sarri 16 Tél. 213 02 37 244
www.citycircus.gr

Acropolis House (**A** E2)
Accueil plein d'humour sous les splendides fresques rousses d'une maison néoclassique. 20 chambres avec sdb dans cet hôtel de caractère : lits et mobilier sculptés, parquet et tapisserie fleurie aux murs dans certaines chambres. 50-90€.
→ Kodrou 6-8 / Voulis Tél. 210 32 22 344
www.acropolishouse.gr

Art Gallery Hotel (**A** C4)
Une pension à l'accueil adorable et aux 22 chambres douillettes : canapé, parquet, et aux murs, les peintures de la famille. Petit déj. 7€. 54-81€.
→ Erechthiou 5 Tél. 210 92 38 376
www.artgalleryhotel.gr

Athens Way (**E** B3)
Comment reconvertir les bureaux d'une administration ? En ouvrant un hôtel aux 25 chambres crème et chocolat, aménagées avec goût. Toit-terrasse pour découvrir la ville, prendre un verre ou un petit déjeuner. Très bien placé entre Kolonaki et Syntagma. 65-110€.
Aussi 3 appartements, pour 2 à 5 pers.
→ Arachovis 17 / Ippokratous
Tél. 210 36 33 474 www.athenswayhotel.gr

Jason Inn (**B** A5)
58 chambres en face du Keramikos. À la fois dans le centre et un peu à l'écart pour respirer dans une rue tranquille. Un hôtel bien placé et fraîchement rénové. Les plus : un *roof garden* (d'avril à octobre) où l'on sert le petit déjeuner, et un café-restaurant pour les beaux jours. 65-125€.
→ Assomaton 12 Tél. 210 52 02 491
jasoninnhotelathens.com

Alexandros Hotel (**E** F3)
Entre l'ambassade des États-Unis et le Megaro Mousikis, cet hôtel et son jardin sont un petit havre de paix derrière l'avenue Vass. Sofias. 93 chambres raffinées aux teintes claires et douces. 70-100€.
⟶ Timoleontos Vassou 8
Tél. 210 64 30 464 www.airotel.gr

Adrian Hotel (**A** D2)
De petits balcons pour se délecter du va-et-vient d'Adrianou et 22 chambres pour "passer la nuit avec l'Acropole qui vous regarde", comme il est écrit sur le livre d'or. 78-155€.
⟶ Adrianou 74 Tél. 210 52 02 491
www.adrian.hotelsathens.org

Niki Hotel (**A** E2)
23 chambres au mobilier contemporain qu'animent des touches de couleurs. Tout près de Syntagma et de la porte d'Hadrien. Restaurant vegan sur place (lun.-sam. le soir). 80-160€.
⟶ Nikis 27 Tél. 210 32 20 913 www.nikihotel.gr

A for Athens (**B** B5)
33 chambres spacieuses et élégantes aux parquets de chêne clair. Une vue enviée sur la place de Monastiraki et une terrasse (bar et restaurant) où l'on aime à se rendre même sans être résident. 100-180€ la double standard, selon la saison.
⟶ Miaouli 2-4 Tél. 210 32 44 244
www.aforathens.com

Fresh Hotel (**B** B4)
Le très design et très rafraîchissant Fresh Hotel : 133 chambres et une piscine sur le toit, en plein cœur d'Athènes. On ressort calme et zen de ses espaces minimalistes et acidulés. 100-180€.
⟶ Sofokleous 26 Tél. 210 52 48 511
www.freshhotel.gr

The Foundry (**B** A5)
Installé dans une ancienne fonderie (1930-1945) du quartier de Psirri, un boutique hotel aux accents post-industriels. Douze appartements clairs et hauts de plafond, où la déco mêle acier, bois, pierre et lampes design. Sur la terrasse arborée, un bar pour l'été à l'abri des regards. 100-300€.
⟶ Sarri 40 Tél. 211 18 24 604
www.thefoundryhotelathens.com

Periscope (**E** D4)
Hôtel design au cœur de Kolonaki. Aux murs des 22 chambres couleur gris souris, imaginées par des designers grecs, des vues d'Athènes à 360° comme en plein ciel. 145-230€, la double standard, petit déj. compris.
⟶ Charitos 22 Tél. 210 327 32 00
www.yeshotels.gr

St George Lycabettus Hotel (**E** C4)
Luxe et modernité d'un boutique hôtel sur les pentes du Lycabette. Restaurants, chambres et piscine panoramiques et 100 m² de véranda pour la suite présidentielle. La double standard 145-270€.
⟶ Kleomenous 2
Tél. 210 74 16 000
www.sglycabettus.gr

Ochre and Brown Hotel (**B** A5)
22 chambres aux couleurs ocre et brun chocolat. Dans le quartier de Monastiraki mais juste assez en retrait pour être paisible. Une attention particulière au design et à l'harmonie des tons. 165-205€.
⟶ Leokoriou 7
Tél. 210 33 12 950-2
www.oandbhotel.com

New Hotel (**A** F2)
79 chambres en matériaux recyclés et équipés de mobilier durable, le New Hôtel, ex-Olympic Palace, s'est transformé sans rien jeter ou presque ! Décor à thèmes dans les chambres, bar-restaurant sur le toit. 210-290€.
⟶ Filellinon 16
Tél. 210 32 73 000
www.yeshotels.gr

LEXIQUE

EXPRESSIONS UTILES

Oui : ne
Non : ohi
Bonjour : kalimera
Bonsoir : kalispera
Salut : ya sou (tutoiement) / ya sas (vouvoiement)
Au revoir : ta leme
Comment allez-vous ? : ti kanete ?
S'il vous plaît : parakalo
Merci (beaucoup) : efharisto (poli)
Je vous en prie : parakalo
Excusez-moi : me sinhorite
Je suis français / française : eimai gallos / gallidha
Je ne parle pas grec : dhen milao ellinika
Je ne comprends pas : dhen katalaveno
Combien coûte... ? : posso kani... ?
Où est... ? : pou einai... ?
Je cherche... : psachno...
Je voudrais... : tha ithela....

TRANSPORTS ET REPÈRES

Métro : metro
Bus, car : leoforio
Arrêt de bus : stassi leoforio
Bateau : vapori, plio
Avion : aeroplano
Aéroport : aerodromio
Station de taxis : stathmos tou taxi
Train : treno
Gare ferroviaire : stathmos tou trenou
Gare routière : stathmos tou leoforiou
Vélo : podilato
Voiture : atokinito, amaxi
Rue : odos
Place : plateia
Boulevard, avenue : leoforos
Maison : spiti
Ville : poli
Marché : agora
Colline : lofos
Musée : mousseio
Église, chapelle : eklissia
Office de tourisme : grafio tou EOT
Plan, carte : chartis
Gauche : aristera
Droite : dexia
Tout droit : efthia
Je suis perdu(e) : echo chathei
Adulte : enilikos
Enfant : pedhi
Aller simple : apli metavassi
Aller-retour : me epistrofi

SIGNALÉTIQUE

Entrée : issodos
Sortie : exodos
Ascenseur : assanser
Escalier : skala
Toilettes : toiletta
Hommes : andras
Femmes : gynaika
Interdit : apaghorevetai
Ouvert : anichtos
Fermé : klistos

HÉBERGEMENT

Auberge de jeunesse : ksenonas
Hôtel : xenodohio
Chambre double : dhiklino dhomatio
Climatisation : klimatismos
Avez-vous une chambre ? : exete ena domatio ?
Petit déjeuner : proïno
Réservation : kratissi

RESTAURANT

Une table pour deux, svp ! : ena trapezi gia dhìo, parakalo !
L'addition, svp : to logariasmo, parakalo
Je suis végétarien : eimai chortofagos
Sur place : epi topou
À emporter : na parei mazi mou
Eau : nero
Carafe : karafa
Café : kafe
Thé : tsaï
Jus d'orange : himo portokali
Vin rouge / blanc : kokino krassi / aspro krassi
Carte : katalogos
Plat du jour : piato imeras

HIGH-TECH

Mot de passe : kodhikos prosvasis
Téléphone : tilefono
Ordinateur : ipologistis, computer

ARGENT

Argent : chrimata
Prix : timi
Gratuit : dhorean
Tarif réduit : miomeni timi
Distributeur : michanima analipsis, ATS
Carte de crédit : pistotiki karta

INDEX

Les noms de rues, de monuments et de lieux de visite, classés par ordre alphabétique, sont suivis d'un carroyage, dont la lettre en gras A, B, C... indique le quartier et la carte correspondante. renvoie aux "Incontournables" (p. 4).

RUES

MONUMENTS ET LIEUX DE VISITE

Guides CARTOVILLE Gallimard
5, rue Gaston-Gallimard
75007 Paris
cartoville@gallimard-loisirs.fr
guides-gallimard.fr

Auteurs
Sophie Launay,
Julie Subtil,
Estelle Renard
À Athènes
Frixos Kokkonis,
Kerassia Douni,
Vasso Mantziou

Direction éditoriale
Hélène Firquet

Édition
Vincent Grandferry

Suivi éditorial
Anne-Sophie Glavet

Responsable artistique
Flora Monnin

Fabrication
Julien Recurt

Relations presse
Sophie Gallet

Responsable coéditions
Mathilde Barrois

Cartographie
EdiCarto
© Gallimard Loisirs.

Mise à jour
Julie Innato

Lecture-correction
Fabienne Texier

Édition mise à jour,
publiée en 2022

Photographies
Sophie Launay.

Julie Subtil pour :
A ★ Plaka, Mouseio Frissiras
B ★ Kapnikarea, Kentriki Agora
C ★ Technopolis, Keramikos, Mouseio Keramikis, Kentro Melina
D ★ Ethniki Pinakothiki, Vyzantino Mouseio, Mouseio Benaki,
E ★ Pedio Areos, Archaiologiko Mouseio, Exarchia, Akadimia, Panepistimio, Ethniki Vivliothiki, Ethniko Istoriko Mouseio, Plateia Dexamenis, Lofos Lykavittou
F ★ Planodia Agora Pirea, Pinakothiki Pireos, Agia Triada, Agios Nikolaos, Archaiologiko Mouseio, Naftiko Mouseio, Marina Zea, Kastela, Mikrolimano.

Estelle Renard pour :
B ★ Mouseio Islamikis Technis
C ★ Metaxourgeio
D ★ Mouseio Goulandri Kikladikis Technis, Ethnikos Kipos
E ★ Kolonaki, Megaro Mousikis
F ★ Dimotiko Theatro.

Shutterstock pour :
Bienvenue à Athènes © Neirfy
Incontournables Akropoli © Dragan Mujan, Mouseio Akropolis © Oscar Espinosa, Plaka © Antlio, Gazi © George Tsitouras photos, Vassilissis Sofias © saiko3p, Etnikos Kipos © yiannisscheidt, Lofos Lykavittou © Aerial-motion
Athènes Autrement Café grec © Xolod, Panathinaïko Stadio © Jose Hernandez, Patsa © Alexandros Michailidis, Cours de cuisine © Anna Ewa Bieniek, O Traino Sto Rouf © Pit Stock
Athènes en 3 jours Pirée © kavalenkau, Plaka © Anastasios71
Agenda © Dimitris Koskinas
Bons plans Marché aux puces © Theastock
D ★ Syntagma © S-F, Stiles Olympiou Dios © sarra22, Panathinaïko Stadio © saiko3p
Balades L'Acropole © Vito DeFilippo, Ethnikos Kipos © Georgios Antonatos
Environs Ethnikos Drymos Parnitha © Bill Anastasiou, Egina © Nikita Rogul.

Fotolia pour :
Incontounables Syntagma © Frédéric Prochasson, Archaiologiko Mouseio © DeVice.

Autres :
Incontournables © Mouseio Synchronis Technis Goulandri
Athènes Autrement Polis Hammam © Polis Hammam, Dinner in the Sky © Dinner in the Sky
C Galerie Rebecca Camhi © Galerie Rebecca Camhi
E Cocona © Cocona, De Toute Façon © De Toute Façon

1er dépôt légal : mai 2002
Dépôt légal : mars 2022
Numéro d'édition : 400279
ISBN 978-2-7424-6341-1
Photogravure : Desk (Laval).
Imprimé en Chine par C&C Offset.